孩子可以比你想得更專心

談 注意力訓練

（第三版）

孟瑛如、簡吟文 著

作者簡介

孟瑛如

✿ 學歷：美國匹茲堡大學特殊教育博士
　　　　美國匹茲堡大學教育輔導碩士
✿ 現職：國立清華大學特殊教育學系教授
✿ 專長：學習障礙、情緒行為障礙

簡吟文

✿ 學歷：國立彰化師範大學特殊教育博士
　　　　國立新竹教育大學特殊教育碩士
✿ 現職：新竹市南寮國小學務主任
　　　　國立清華大學特殊教育學系兼任助理教授
✿ 專長：學習障礙、情緒行為障礙

作者三版序(一)

「Attention is time」，所謂注意力即是時間，在特教領域中的感受更是深刻。注意力缺陷過動症與資賦優異的學生，同樣都是精力過人，但注意力缺陷過動症學生在精力旺盛的過程中無法集中注意力，所以反而常無法完成工作，甚至成為闖禍大王；但是，資賦優異學生在從事自己專長項目時可以廢寢忘食，且能維持注意力，成就的人生自然不凡！因此，若是無法集中注意力或是善用注意力者，能早期接觸注意力訓練，在每個人生轉捩點的抉擇上絕對會較有利，且能擁有更多選擇的可能。每個在今天成功的人，都是在今天以前做了許多對的事，如果我們比較相信累積，而不是奇蹟，那麼注意力訓練就會成為成功之前該做的許多對的事情之一，且是重要事情之一。畢竟，「Attention is time」，尤其是在此知識爆炸的時代，所以讓我與吟文決定要寫這本書，並搭配一本實務取向、可以讓孩子自行練習操作的《孩子可以比你想得更專心：我的注意力遊戲書》，同時決定編製一套「電腦化注意力診斷測驗」（Computerized Attention Diagnostic Assessment, CADA），希望能篩選出比較需要接受注意力訓練的孩子，再配合一套我們撰寫的注意力訓練書籍，期待能讓每位孩子都比父母所想像的更專心！

這是我第一次與人合寫書籍，很幸運的是與吟文一起撰寫。這個主題我們醞釀已久，我在吟文念大二時就認識他，他是一位與教育類科男生有極大不同行為特徵的人，總是坐在第一排，專注的上課眼神讓我覺得自己上的課很棒，優異的成績表現更讓我驚豔。於是我在他大二時，便破格邀請他進入我剛草創的「有愛無礙」網站小組，成為我們「有愛無礙」網站的創站元老之一。十幾年來，他即使連在服兵役，也是時時掛心網站的工作。而從 2005 年，我和吟文，還有邱佳寧老師一起為國立新竹教育大學特殊教育中心編製了「資源班注意力訓練教材」開始，我們便對這個主題很有興趣，吟文攻讀碩士時，論文的題目也是「注意力訓練對國小學習障礙學生在課堂學習時注意力影響之探討」。2014 年，我們完成了本書，在之前長達一年的密集撰寫期，每次的交換意見與文稿，都充分讓我享受青出於藍而勝於藍的為師之樂。

本書出版後，引起頗多迴響，許多第一線的教師希望我們能除了呈現注意力訓練教材外，也同時能設計注意力訓練課程，所以我們在第二版除了納入一些注意力訓練相關新理論外，也增加了第七章：注意力訓練課程設計。

而如今因應十二年國民基本教育特殊需求領域課程之實施，以及認知注意力領域相關議題更受重視的今日，本書即將付梓第三版，此版大幅改寫了第四、五及八章，尤其是如何藉由注意力訓練提升個案在認知學習方面的注意力與執行力，以及能融入關鍵學術技能的學習內容，增加個案在學習工作場合

關鍵學術技能的學習與執行能力，成為我們在呈現注意力訓練課程時最關注的焦點，也希望我們的心血結晶能激起大家對注意力訓練的重視！

國立清華大學特殊教育學系教授

孟瑛如 謹識

2020 年 10 月 10 日

作者三版序(二)

　　在心理與學習領域的研究中，注意力一直是一項熱門的課題；在特殊教育的領域裡，更是關係到教師教學是否有效的重要因素之一。從 2000 年踏入特殊教育教學開始，接觸了不同特殊教育班級和不同障礙類別的學生，深深感受到注意力的問題對身心障礙學生學習之影響。於是在 2003 年開始構思發展有關注意力訓練的教材，並在 2005 年與孟瑛如教授、邱佳寧老師共同編製「資源班注意力訓練教材」，開啟了我對注意力相關議題的研究。為了更進一步讓教材的使用有實證性，在修讀碩士學位期間，即以注意力缺陷過動症學生為對象進行論文研究，而後在博士修業期間也針對輕度智能障礙者再次進行驗證，這讓注意力訓練教材的效益更具有科學根據。

　　「Attention is time，注意力即是時間」，這是孟瑛如教授在一次研究案會議討論時所激發的靈光一閃，同時也為注意力在學習歷程的定位立下了不同的註解。孟瑛如教授，她是我最敬愛的孟老師，我在特教領域的歲月中與她有著深刻的淵源，由她啟蒙並帶領我從實務教學走向學術研究的大門，並一直鼓

勵我、教導我用不同的角度看待過程、以多元的觀點看待結果,孟老師教給我的不只是學習與研究,更有許多看待人生課題的智慧與轉念。從大學到碩士、從碩士到博士,一路走來,孟老師不僅是一位指導教授,更是我的實務教學與學術研究之母。

隨著十二年國民基本教育和特殊需求領域課程綱要之推行,注意力訓練的議題再度在特殊教育課程中引起討論,不論是從認知功能、學習策略發展或領域學習表現等角度,注意力訓練融入課程活動設計,已成為第一線特殊教育人員必須具備的基礎知能。因此,我和孟老師也發揮特殊需求領域的專業,將第八章的內容納入特殊需求領域:學習策略的相關內容與課程規劃方式,希望能提供第一線老師和家長更了解注意力訓練在課程規劃發展上的運用。

很榮幸人生的第一本專書著作能和孟老師一同完成,並且邁入第三版,由衷感謝她的建議與指導,讓此書更臻完備。從一版付梓到三版的修訂,感謝一路以來特教界夥伴以及家長給予的指教,同時也要感謝新竹教育大學特殊教育研究所的學妹禹君、胡瑀,以及兩位實習老師翔婷與姿瑩,在注意力訓練課程活動設計的協助設計與實施,讓這本書能繼續延伸與發展相關主題,同時也盼望能引起第一線的特教老師與父母對於注意

力課題的重視。

　　最後，謹將此書三版付梓的喜悅與成果，獻給我的母親與家人，以及一路上支持陪伴我的朋友們。

新竹市南寮國小學務主任

簡吟文 謹識

2020 年 9 月 30 日

目次
CONTENTS

Chapter 1　你有注意力嗎？　/ 001

Chapter 2　你所了解與不了解的注意力　/ 007

壹　神經心理學的基礎　/ 008

貳　認知的歷程　/ 011

參　注意力的分類　/ 025

肆　注意力和記憶、學習的關係　/ 028

伍　注意力相關的診斷標準　/ 033

Chapter 3　誰有注意力問題？
　　　　　　輕度障礙的注意力特徵和問題　/ 045

壹　學習障礙的注意力特徵和問題　/ 046

貳　注意力缺陷過動症（ADHD）的注意力特徵和問題　/ 052

參　智能障礙的注意力特徵和問題　/ 060

肆　自閉症的注意力特徵和問題　/ 061

伍　亞斯伯格症的注意力特徵和問題　/ 064

陸　教師可行的班級經營原則　/ 065

Chapter 4　如何訓練注意力？
　　　　　　相關訓練理論之探討　/071

壹　行為理論的治療　/071

貳　認知行為學派的理論　/076

參　飲食療法和心理治療　/081

肆　國內注意力訓練相關研究　/084

Chapter 5　不一樣的注意力訓練教材　/087

壹　理論依據　/089

貳　教材編製與架構　/091

參　教材內容　/093

肆　使用說明　/119

Chapter 6　從哪裡看到效果？實施與應用研究　/123

壹　學習障礙之注意力訓練研究　/123

貳　輕度智能障礙之注意力訓練研究　/141

Chapter 7　翻轉的注意力訓練課程活動設計　/163

壹　設計緣起　/163

貳　課程內容　/165

參　教學設計　/167

Chapter 8 許一個更專心的未來：
特殊需求領域課程發展與輔導建議 　/ 187

壹 配合特殊需求領域課程 　/ 187
貳 輔導建議 　/ 190

參考文獻 　/ 195

CHAPTER **1**

你有注意力嗎？

　　在我們的生活周遭充滿著不同的訊息，而為了讓我們的心理活動（例如：記憶、理解、推理、思考等等）能夠保持最佳的狀態，必須透過過濾、選擇、對焦、轉換，以及追蹤的心理能力（張本聖、洪志美譯，2012）來處理接收到的訊息，而最直接處理訊息的心理能力便是注意力（attention）。也因此，注意力被視為學習上不可忽視的一項能力，尤其是在課堂學習時，孩童需要集中心思來看、聽或觀察老師所呈現的教學內容。注意力在心理學上的解釋，被認為是「個體對情境中的眾多刺激，只選擇其中一個或一部分來做反應，並從而獲得知覺經驗的一項心理活動能力」（張春興，2000）。當個體執行注意力此項能力時，會對被選定而注意到的刺激產生並獲得清楚的知覺，但對注意之外的刺激，則會模糊不清，甚至有忽視的現象。心理學家 William James 認為，注意力的關鍵就是「犧牲某些事物的處理，以便能有效的處理其他事物」，同時也做出以下詮釋（James, 1980, 2007）：

　　……每個人都能了解什麼是注意力，注意力是以一種清楚、活潑生動的方式，在幾個同時呈現的物體或連續的思緒中，挑選出一個來占據我們的心智，注意力的重點是集中、專注與意識……

　　由上述觀點可以知道，注意力是一種有意識的察覺（conscious clearness）能力，並具有兩項重要特徵：集中焦點（focalization）和專注（concentration）。前項特徵包含了選擇性，即選擇性注意力（selective attention），能區分出訊息的重要性，並且有效掌握需要的訊息，以避免接收過多不必要的刺激；後項特徵則具有持續性，即所謂的持續性注意力（sustained attention），是指個體對於處理訊息的持久程度。從心理學的角度來看，注意力的主要功能在使大腦可以迅速處理所接收的訊息，根據大腦的訊息容量進行運作，而形成有效的選擇、轉換、持續等等處理訊息的機制（James, 2007）。

　　一般國小教師認為，注意力異常是學生學習困難的主要原因，使得學生成績不盡理想，以及無法有效率的完成作業（王乙婷、何美慧，2003）。當學生缺乏注意力時，便容易在學習上產生困擾，而無法完全接收到老師所給予的教學刺激。注意力對學習所造成的問題大致可區分為下列四種特徵：注意力渙散、注意力缺乏、注意力短暫與注意力固執（孟瑛如，2006），每種特徵所造成的學習問題都不盡相同，簡述如下：

　　1. 注意力渙散：注意力渙散的孩子常會伴隨過動現象，易受周

遭小事干擾而分心，思想衝動且健忘，厭惡認知學習上需要持續專心的活動。

2. 注意力缺乏：注意力缺乏的孩子常會伴隨退縮與行動遲緩的現象，做事速度很慢，欠缺執行力，常需花很長時間去完成一件很簡單的事。

3. 注意力短暫：注意力短暫的孩子常會伴隨疲累與分心現象，做一件事常需分多次完成，易過度注重小細節，以致常被過多不必要的細節誤導。

4. 注意力固執：注意力固執的孩子常會伴隨固執行為現象，會在上課或做功課時，只專注自己的固執行為，例如：玩衣領、亂塗鴉等，以致未能如期完成工作。也會常在考試時不由自主的重複唸同一個字或句子，浪費許多作答時間，更會因某一題答不出來而「卡」住，留下一大堆未作答的空白題。

研究發現，許多學習障礙（Learning Disabilities，簡稱 LD）的孩童多半具有注意力方面的問題（孟瑛如，2013b，2013c；洪儷瑜，1995；楊坤堂，1995；Bender, 2002; Lerner & Johns, 2012）。也有其他心理方面的研究指出，學習障礙學生比較容易分心，他們很難將注意力集中在相關的刺激或學習材料上，這也讓我們間接了解到學習障礙學生無法像一般學童般，將學習建立在自動化階段（洪儷瑜，1995），他們隨時需要較多的注意力來維持學習（Smith, 1994）。注意力問題同時能在輕度障礙學生中發現，除了學習障礙的孩童外，注意力缺陷過動症（Attention-Deficit Hyperactivity Disorder，簡稱 ADHD）、自閉症、輕度智能

障礙等，也都能發現具有不同程度的注意力問題。

　　國內目前既有的文獻研究顯示，針對學生的專注力進行訓練，有助於學生學習效能的正向提升（王乙婷、何美慧，2003；周台傑、林玉華，1996；邱瑜萱，2003；麥玉枝，2004；蔡文標，2002；簡吟文，2008；簡吟文、孟瑛如，2009）。這些研究有些採取行為改變的方式，有些利用學習策略的方式，其研究結果對學生的注意力改善都是正向的，一旦學生集中注意力學習時，才能有較佳的學習效果。

　　國外的臨床研究已經明確指出注意力的不同向度，並且提出適當測量的方法，同時也提供訓練注意力的研究模式。例如：美國有運用臨床模式所發展的注意力訓練方案（Attention Training Program，簡稱 ATP）（Sohlberg & Mateer, 1987, 2001a, 2001b; Sohlberg & Turkstra, 2011），或是結合電腦科技訓練注意力缺陷過動症的實驗方案（Lim et al., 2012）；歐洲的德國和西班牙也有類似 ATP 的注意力訓練方案，同時提出有效的實證結果（楊文麗、葉靜月譯，2003；Lauth, 1998; López-Luengoa & Vázquezb, 2003）。

　　注意力訓練若有一套系統化教材，對於訓練孩童之注意力將有相當大的助益；藉由教材的輔助，讓教師在實施注意力訓練時，能更有結構性和系統性。筆者有鑑於此，設計出一套系統化延伸的注意力訓練教材，並且藉由教學研究實驗過程來印證成效。筆者期待注意力的訓練不再僅是理論和研究的探討，而是與實務的教學做結合。本書的內容分為理論和實務兩大部分。前半部為注意力理論的探討，由第二章開始介紹注意力的理論，分成五大部

分做說明：神經心理學的基礎，認知的歷程，注意力的分類，注意力和記憶、學習的關係，和注意力相關的診斷標準。生理基礎部分列舉了腦傷、神經化學和感覺統合的理論說明；認知歷程部分則介紹國外認知心理學的研究，同時引用著名的注意力理論和相關研究說明；注意力的分類則概述國內外學者對於注意力分類的意義，從單一層面走向多元；注意力和記憶、學習的關係部分則從學習歷程出發，說明注意力對於工作記憶和長期記憶的影響；和注意力有關的診斷標準則介紹國內外對注意力診斷的相關說明，而本部分同時也將介紹 DSM-5（*Diagnostic and Statistical Manual of Mental Disorder*, 5th edition）（American Psychiatric Association [APA], 2013）對注意力缺陷過動症學生的最新定義與診斷標準。

　　第三章中介紹各類認知或學習功能輕度缺損學生的注意力特徵和問題，分為學習障礙、注意力缺陷過動症、智能障礙、自閉症，以及亞斯伯格症五類做介紹，並針對各種障礙的注意力特徵和問題提供若干適性學習策略。第四章開始說明注意力訓練之各種模式，包含：(1)行為理論的治療，其中還細分成藥物治療、感覺統合治療以及行為治療。藥物治療是介紹國內常用以治療注意力之藥物，感覺統合則概述其意義及目前運用之限制，行為治療則是由環境觀點提出不同見解；(2)認知行為理論則從自我指導、心理學、學習策略、注意力策略四個層面說明，同時也列舉國內外學者對於提升注意力的建議；(3)在飲食療法和心理治療部分，前者列舉幾項國外常見的飲食療法，同時說明其應用與限制，而心理治療則由諮商輔導的層面出發，說明其治療技術在注意力問

題上的運用與意義；(4)最後一部分列舉出國內相關之實證研究，說明注意力訓練的效果。

　　本書後半部屬於注意力訓練實務部分。由第五章開始介紹由筆者自行設計之注意力訓練教材，包含編製理論基礎、教材分類、教材內容、使用對象和時機等等；第六章則分別以學習障礙和輕度智能障礙為研究對象，介紹注意力訓練實驗的研究結果，包含研究的設計和實驗數據，並由實驗過程和結果做相關探討；第七章介紹注意力訓練課程活動設計的內容；最後在第八章提供特殊需求領域課程發展與輔導建議，以及給家長和教師的一些建議和輔導教育。希望藉由本書兼顧理論和實務成效的說明，能提供讀者教學和思考的啟發及方向。

CHAPTER 2

你所了解與不了解 的注意力

　　究竟注意力代表的是什麼？它的影響有哪些呢？這是許多教師和家長所關心的問題。注意力在學理上的定位，是一項與神經和心理息息相關的複雜能力，其發展多與大腦功能有關（李玉琇、蔣文祁譯，2010；洪儷瑜，1999；鄭麗玉，2006；龔充文，2007）。本章將針對注意力的理論和研究脈絡做詳細的解說和探討，分別從神經心理學的基礎，認知的歷程，注意力的分類，與記憶、學習的關係，以及注意力的診斷等方面來一一說明。

壹 神經心理學的基礎

一、腦傷的觀點

　　從解剖學的觀點來說，人體的大腦可以分為皮質和皮質下組織；大腦皮質以腦葉為主，可區分為額葉、顳葉、頂葉和枕葉四部分。腦葉各部位對注意力均會產生不同的影響，在神經心理學的研究中，已經發現腦傷和注意力失常之間具有密切的關係（鄭昭明，2010），並且以額葉、頂葉和顳葉三部分的損傷為主。

　　在腦傷患者的相關研究裡，額葉受傷患者不僅在智力方面有所損傷，在注意力、記憶力和作業反應時間上，均受到影響（梅錦榮，2011），尤其是在有關迷津學習的過程中，容易出現障礙（Walsh, 1981）。其他研究也指出，額葉功能區的失調，尤其是前額葉區，和注意力缺陷的症狀有關（黃惠玲、趙家琛譯，2001；謝維玲譯，2011；Barkley, 1998; Riccio, Hynd, Cohen, & Gonzalez, 1993），特別是注意力缺陷症狀中的注意力缺乏問題（鄭昭明，2010）。前額葉損傷相關的注意力問題主要以注意力缺乏為主，同時對於具有次序性的刺激出現反應困難，臨床上常見的行為特徵包括：活動或遊戲進行時很難集中注意力；對於執行指令有困難、缺乏時間觀念；忽略細節而粗心犯錯；空間概念困難，常遺失物品或搞不清楚方向等等。

　　顳葉部位損傷的患者則出現選擇性注意歷程的困難（梅錦榮，2011），尤其是在接收視覺或聽覺方面的刺激，無法有效進行區辨選擇。和顳葉損傷相關的注意力問題集中在注意力選擇，無法篩選或過濾主要的訊息，臨床上常見的行為特徵包括：無法執行過多或複雜的指令；學習時容易被聲音訊息干擾而分心；喜歡注意不相關的視覺刺激；無法找到重點或關鍵等等。

　　頂葉損傷患者則有空間忽視的障礙（Heilman, Bowers, Valenstein, & Watson, 1987），空間忽視是一種缺乏統整感覺刺激產生的障礙，使得患者對於外界刺激缺乏定向能力，同時也無法對刺激產生注意的歷程。和頂葉損傷相關的注意力問題集中在注意力或刺激定向，臨床上常見的行為特徵包括：方向辨識困難或無法認路；無法追蹤刺激來源或方位；無法記憶空間位置等等。

　　在其他部分的腦部皮質分析上，與注意力有關的邊緣系統（limbic system），主要掌管對感官印象的評定、記憶力及關鍵性的反應決定；另外，新皮質的前額區（frontal region of neocortex）則掌管特定行為的執行、停止或中斷（Birbaumer & Schmidt, 1999）。和邊緣系統相關的注意力問題常伴隨情緒表現，常見的動機低落、缺乏興趣、憂鬱等等，都和邊緣系統有關聯。

　　一般人的注意力運作不但要啟動許多神經元來集中注意，同時也必須抑制不重要的訊息，以避免干擾已有的注意內容。注意力的問題被認為是缺少啟動集中注意力的腦神經元，同時也可能出現抑制外來干擾的訊息傳入大腦的障礙。有研究結果發現，注意力問題兒童的大腦皮質分析中，右額葉最前端和基底核的注意

力區較小,然而這兩個區域對於引導注意力集中和排除分心的干擾非常重要(洪儷瑜,1999;黃惠玲、趙家琛譯,2001;鄭昭明,2010;謝維玲譯,2011;Barkley, 1998; Riccio et al., 1993)。

二、神經化學觀點

神經化學模式中,認為注意力的問題和大腦中的神經傳導物質(neurotransmitters)分泌有關。由於大腦無法提供足夠的神經傳導物質到腦部專司注意力的區域(例如:控制選擇性注意力與反應抑制能力的前額葉區),而容易造成注意力的異常。在藥物治療的相關研究可以發現,改變大腦神經傳導物質釋放能影響注意力的表現(鄭昭明,2010)。目前的臨床研究發現,中央神經系統中有三種重要的神經傳導物質:腎上腺素(adrenaline)、正腎上腺素(noradrenaline),以及多巴胺(dopamine)(洪儷瑜,1999;張如穎,2004;楊坤堂,2000;鄭昭明,2010;謝維玲譯,2011;Anastopoulous & Barkley, 1992; Riccio et al., 1993)。由以上描述可知,孩童的注意力問題可能導因於腦部神經傳導物質分泌異常。

三、感覺統合觀點

從感覺統合(sensory integration)的觀點來看,好動或分心不專注的原因,可能和神經系統發育不成熟或是功能失調有關,因而導致生理上的抑制困難(劉昱志,2013)。感覺統合的過程是組織各種感覺輸入,促使個體神經系統能發揮作用。感覺統合的機制發生於中樞神經系統內,經過身體感官系統、大腦接收及解

讀周遭環境的訊息，再透過身體感官幫助我們做出正確的反應或動作（鐘敏華，2012）。而許多具有過動或注意力問題的學生，導因於其缺乏對神經訊息的統合能力，因而表現出好動分心的行為。因此在感覺統合的觀點下，強調應提供身體各種不同感官的刺激或訊息，如視覺、聽覺、觸覺、平衡感等等，促使神經系統能從這些感覺輸入中，學習去組合與運用，進而改善注意力的問題（劉昱志，2013）。

貳　認知的歷程

一、認知心理學觀點

　　早期所提出的注意力理論多以認知心理學角度為主，對個體如何選擇注意目標的運作提出說明，可區分成瓶頸理論（Bottle-neck theory）、容量理論（Capacity theory）與試圖整合前兩者的多元理論（Multimode theory）等三大類別（李玉琇、蔣文祁譯，2010；林鋐宇、周台傑，2010；鄭昭明，2010；鄭麗玉，2006；Logan, 1992; Spalek, Falcon, & Lollo, 2006; Vu, 2004），以下針對此三項理論作簡單說明。

(一) 瓶頸理論

　　最早被提出的瓶頸理論為過濾模式（filter model），此模式將

注意力視為一個具有選擇能力的過濾器，即是瓶頸的機制，將個體接收到的感覺訊息加以處理，攔截過濾不需要的刺激訊息，同時傳送所需要的訊息進入個體意識中（鄭麗玉，2006；Vu, 2004）。但瓶頸理論所認為的「全有／全無」過濾機制受到後來的研究質疑，因此後續研究與學者專家分別提出修正的瓶頸過濾機制觀點，重新詮釋原始的瓶頸理論模式。這些修正後的瓶頸理論包含減弱模式（attenuation model）、選擇模式（selective model）與認知負荷量模式（perceptual load model）（李玉琇、蔣文祁譯，2010；林鋐宇、周台傑，2010；鄭麗玉，2006；Vu, 2004），概述如下。

1. 過濾模式

可稱之為早選論（Early-selection theory）（Broadbent, 1957），由 Broadbent 在 1957 年的研究中提出。該模式將注意力視為一項「過濾器」，讓限定的訊息通過，由個體接收，而其餘的訊息則被摒除在外。這些被過濾掉的訊息必須在從感官記憶消失前，重新通過過濾器（亦即被注意），個體才有機會發現這些訊息（鄭昭明，2010；Logan, 1992; Spalek et al., 2006）。早期運用雙耳監聽的實驗結果支持過濾模式，但後續的相關研究則對該模式產生不同的疑問。

2. 減弱模式

由 Treisman 提出的實驗結果（Treisman, 1960）中則發現，語言／文句訊息的上下文效應會影響參與者對於訊息接收的正確性。

因此他修正過濾模式而提出減弱模式的觀點，認為過濾器（即注意力）對於不重要或不需要的訊息，並非是完全捨棄，而是降低對訊息的敏感度（鄭昭明，2010）。而Mackay（1973）的研究中也證實這個觀點，同時更進一步發現，不重要或干擾的訊息對於個體詮釋主要訊息仍舊有影響（李玉琇、蔣文祁譯，2010）。

3. 選擇模式

又可以稱為晚選論（Late-selection theory）。針對過濾和減弱兩個模式，Deutsch 與 Deutsch（1963），以及 Norman（1968）分別提出選擇模式來解釋注意力機制。過濾和減弱模式的運作是將瓶頸／過濾器放在訊息辨認之前，也就是說不重要或干擾的訊息是被注意力阻擋在外；但選擇模式的運作則是將瓶頸／過濾器放在訊息辨認之後，不論訊息重要與否都會被個體接收，而注意力會選擇重要的訊息處理，其餘不重要的訊息都會被忽略而消失（李玉琇、蔣文祁譯，2010；鄭麗玉，2006；Dux & Marois, 2009）。

4. 認知負荷量模式

為解決過濾模式和選擇模式的爭議，Lavie（1995）提出了折衷的觀點——認知負荷量模式。認知負荷量模式的假設為：認知的處理是存在於有限資源容量下的機制，並且是自動處理過程。個體可決定注意力分配的次序，或規範個體在相關刺激物中選擇目標物，若是在相關刺激物的處理過程耗盡所有可用容量，則不會處理到無關資訊。此模式針對注意力提出非單一面向的觀點，透過有限資源容量與認知負荷的調節，融合瓶頸模式與選擇模式

來說明注意力分配的過程（阮啟宏、呂岱樺、劉佳蓉、陳巧雲，
2005；Lavie, Lin, Zokaei, & Thoma, 2009）。

(二)容量理論

　　容量理論主張個體所能選擇與支配的注意力總量是固定不變
的，將注意力視為有限的心理資源。其中容量模式（capacity mod-
el）與多重資源模式（multiple resources model）均屬於容量理論的
一環（林鈜宇、周台傑，2010；鄭昭明，2010；鄭麗玉，2006；
Dux & Marois, 2009）。

1. 容量模式

　　Kahneman（1973）提出單一容量模式，將注意力視為單一及
不可分割的處理容量（single undifferentiated capacity），是進行分
類和辨認刺激時個體所需要運用的認知資源（cognitive resour-
ces）。進行不同的心理活動所需耗費的注意力資源不同，但這些
資源是有限的，因此當個體面對愈複雜的刺激，就需要愈多資源
（林鈜宇、周台傑，2010；鄭麗玉，2006；Kahneman, 1973; Lamy,
Segal, & Ruderman, 2006）。

　　Kahneman的容量模式將過濾模式和選擇模式視為接收訊息刺
激時，所產生的一種連續變化，是個體面對一種以上的訊息、刺
激、作業或反應時，所必須做出的選擇過程（Kahneman, 1973）。
當刺激訊息未超過個體心理功能處理這些訊息的負荷時，則有較
多的資源來進行同步處理，因此展現出選擇模式／晚選的機制；

反之，若處理訊息負荷過重而無法同時處理時，則展現過濾／早選的機制（鄭麗玉，2006）。Kahneman 的單一容量模式為注意力的詮釋提供單一理論的架構，同時解決早、晚選論的爭議，但仍有研究指出單一容量模式的缺漏，並無法完全解釋注意力的心理運作。

2. 多重資源模式

後續 Wickens（1984）所提出的多重資源模式，就是針對既有的單一容量模式，進一步修正無法解釋之現象而發展出注意力容量修正模式。多重資源模式主要在訊號輸入的模式、內在處理的過程與編碼，以及個體反應三個方向探討心理資源與注意力容量之運作，可以視為是單一容量模式的提升，同時解釋了多項單一容量模式不易清楚說明的現象（Wickens, Goh, & Helleberg, 2003）。

（三）多元理論

在 1967 年，Neisser 嘗試整合早選／過濾模式和晚選／選擇模式，主張注意力受到前注意力和注意力兩個歷程所支配（引自李玉琇、蔣文祁譯，2010）。其中前注意力是一種自動化的歷程，主要用來察覺訊息的特性；而注意力的歷程則包含控制，可以用來辨識訊息之間的特徵關係，但相對較耗費心理資源。

之後由 Johnston 與 Heinz 兩位學者在 1987 年綜合瓶頸理論和容量理論，同樣運用雙耳監聽的實驗來進行研究，對注意力提出多元理論（引自 Cowan et al., 2011）。主張個體可以選擇將過濾訊

息的瓶頸機制置於適當的時間點,其中早期選擇是將瓶頸機制置於刺激辨認之前,晚期選擇則是將瓶頸機制置於語意分析之後。與早期選擇相較之下,晚期選擇需耗費更多的注意力,個體需同時處理更多的刺激訊息(李玉琇、蔣文祁譯,2010;林鋐宇、周台傑,2010)。多元理論強調注意力是有彈性的,個體具有彈性選擇處理訊息的能力,可以針對不同情況適當的使用注意力(李玉琇、蔣文祁譯,2010;鄭麗玉,2006;Cowan et al., 2011)。

二、神經心理學觀點

　　神經心理學觀點主要結合認知心理學與神經生理學的研究,分別採用兩種不同的取向來探討注意力。其中一種取向來自於動物研究的推論,認為注意力對動物及人類展現出適應情境的行為具有幫助;另一取向則來自於對腦傷病患的腦神經病理研究(林鋐宇、周台傑,2010)。

　　在神經心理學的研究領域,認知的主要功能層面通常會包括注意力、語言、記憶空間和執行功能,也是一般神經心理測驗所測量的重要項目(張本聖、洪志美譯,2012)。在神經心理學的角度來看,注意力展現出下列的能力:確切而迅速的辨認目標,亦即選擇刺激物的速度、接收和處理訊息,與維持引導正確的行為(Roth, Schlottke, & Heine, 1996)。由學理上可知,注意力似乎和神經傳導與大腦活動有密切關係,而非單純個體獨立的生理能力。在訊息處理的相關研究中亦曾提到,注意力也會影響到個體對於處理訊息刺激的不同。Brandeis等人(1998)曾在提出的相關

研究中指出，ADHD 兒童與一般兒童比較，會呈現出不同且較不適當的反應，這些兒童在注意力趨向和信號的評量方面出現顯著困難。

三、注意力常見的典型研究

(一)導引範例

導引範例（Cuing paradigm）的研究也常出現於有關視覺空間注意力（visuospatial attention）的研究，其中以 Posner 在 1980 年代所提出的最為經典（Posner & Rothbart, 2007）。視覺空間的注意力在空間進行轉移時，主要包含三個部分（Posner, 2012; Truong, 2009）：

1. 分離（disengagement）：注意力脫離原先所在的位置或目標。
2. 移動（movement）：注意力由甲地移動到乙地中間的過程。
3. 接合（engagement）：注意力連結到適合的新位置或目標。

利用線索導引方式進行空間注意力轉移的研究中，有兩種方式比較常見：一種是利用中央線索（central cues）的內隱式導引（endogenous orienting）（如圖 2-1 所示）；另一種則是利用周邊線索（peripheral cues）的外顯導引（exogenous orienting）（如圖 2-2 所示）（Truong, 2009）。

以中央線索的實驗為例，測試的情境設計通常會先讓參與者在實驗的螢幕中央看到一個有明顯指向的箭頭，提醒參與者即將

| 圖 2-1 | 中央線索實驗的有效訊號嘗試 | 圖 2-2 | 中央線索實驗的無效訊號嘗試 |

出現的目標物所在的方向與位置，幾秒鐘後箭頭消失，目標物緊接著出現。此時如果目標出現的方向與位置跟先前的箭頭一致，便可以稱這是一個有效訊號的嘗試（cue-valid trial）；若目標出現的位置、方向跟提示箭頭所指的位置不符時，這時我們稱這是一個無效訊號的嘗試（cue-invalid trial）。

　　一般來說，若在實驗情境中提供有效的訊號，參與者的反應時間會比較快，相對正確率也會提高；但若是無效的訊號，則時間反應會相對較慢，或是降低參與者的正確率（Posner, 2012）。

(二)搜尋範例

　　搜尋範例（Search paradigm）的研究著重在視覺搜尋（visual search），許多注意力的研究也以此為根據進行。最著名的研究典範為 Treisman 與 Gelade 於 1980 年發表的特徵整合論（Feature integration theory，簡稱 FIT）（Galotti, Fernandes, Fugelsang, & Stolz, 2010）。Treisman 與 Gelade 認為，視覺的處理可按注意力

是否介入，進而區分成注意力未介入的前注意力階段（pre-attentive stage），以及注意力介入後的注意力階段（attentive stage）。在前注意力階段，個體運用視覺以平行處理方式，大範圍搜尋基本的視覺特徵，如方位（orientation）、顏色（color）、質地（texture）、運動（及方向）（motion），乃至於形狀（forms）。但這些特徵仍舊無法幫助個體判斷眼前的目標物或訊息，而必須藉由注意力來找出訊息或目標物的位置，才能真正察覺或判斷所接收到的目標物的特徵訊息（李玉琇、蔣文祁譯，2010；阮啟宏等，2005；Truong, 2009），例如：紅色的蘋果，在前注意力階段是搜尋到紅色的特徵，在注意力階段則將蘋果的位置和形狀結合後，才能意識到紅色的蘋果。

在特徵整合論的實驗中，常見的搜尋測驗形式有兩種：特徵搜尋（feature search）和連結搜尋（conjunction search）。舉例來說，我們運用一個明顯的特徵（形狀或圖形顏色）來區分目標訊號和干擾訊號的不同，像是讓參與者由水平箭號（干擾訊號）中尋找垂直箭號（目標訊號），其結果將是，參與者反應時間不會因為干擾訊號的增加而延長（如圖 2-3 所示），此為特徵搜尋；但若讓參與者從黑色水平箭號（干擾訊號）和灰色垂直箭號（干擾訊號）中找出灰色水平箭號（目標訊號），則參與者的反應時間會因為干擾訊號的增加而延長，因為目標訊息必須由參與者根據特定的特徵加以連結才能辨識，此為連結搜尋（如圖 2-4 所示）。

根據上述的實驗舉例來看，Treisman 認為，特徵搜尋符合前注意力階段的運作模式，個體不需要注意力便可以找到目標訊號；

<table>
<tr><td>圖 2-3 特徵搜尋的範例</td><td>圖 2-4 連結搜尋的範例</td></tr>
</table>

相對的，連結搜尋則屬於注意力階段，需要個體運用注意力按照順序逐一搜尋目標訊號的位置，以確認目標訊號是否出現。上述兩種實驗結果也可以說明，不同搜尋條件的結果差異和注意力的是否介入有關，而這樣的差異也可以間接說明注意力在不同階段的差異（龔充文，2007；Truong, 2009）。

(三) 過濾範例

過濾範例（Filtering paradigm）的研究是早期研究選擇性注意力的常用方法，過程中要求實驗參與者將注意力集中於多樣訊息中的一項，進而觀察參與者對於主要訊息及干擾訊息的處理。

1. 聽覺訊息實驗

最常見的方法為雙耳監聽（dichotic listening）實驗（李玉琇、蔣文祁譯，2010；鄭昭明，2010；Espinoza-varas & Jang, 2011）。實驗時，參與者在同一時間會分別聽到來自左、右耳的訊息聲音。參與者被要求去注意其中一個耳朵所聽到的訊息，並複誦（shadowing）所聽到的訊息；另一耳朵所聽到的訊息則予以忽略不須複誦。早期的實驗結果發現，參與者對於無須注意的訊息幾乎能予以忽視不進行處理，這個結果顯示，人類的注意力是有過濾篩選機制存在，也就是 Broadbent 在早期所提出注意力的過濾模式（filter model）。複誦能力是一項需要極高注意力的技巧，早期使用雙耳監聽研究結果大都顯示，實驗參與者對未注意訊息偏向忽視或不予處理（李玉琇、蔣文祁譯，2010；Galotti et al., 2010）。根據此一理論，個體的感官接收系統首先平行、同步地處理外界的訊息，注意力選擇其中一個訊息來源並進入限定的管道中，進行更進一步的訊息處理，而其他未被選擇的訊息就被過濾忽視，這樣的詮釋方式也是後來有關注意力早選觀點論的開端（如圖 2-5 所示）。

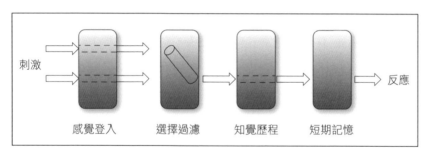

刺激　　感覺登入　　選擇過濾　　知覺歷程　　短期記憶　　反應

圖 2-5 早選／過濾模式示意圖

　　針對過濾模式，Treisman 則提出修正後的減弱模式（李玉琇、蔣文祁譯，2010；鄭昭明，2010；鄭麗玉，2006），而這也是過濾研究中常見的形式（如圖 2-6 所示）。Treisman 認為，那些不被

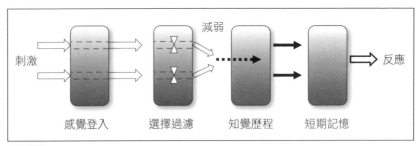

圖 2-6 減弱模式示意圖

注意的訊息並非完全被過濾摒除在外，只是訊息的強度被個體過濾機制所削弱，但這些被削弱的訊息仍然對個體的注意力有一定程度的影響。

雖然 Broadbent 與 Treisman 對於注意力的過濾機制有不同解釋，但基本上都屬於早選觀點——也就是在訊息進入個體前先予以處理，過濾出需要注意的訊息，再進入個體的感官系統之中。另一派學者則不支持早選論點的看法，認為過濾機制的發生不是在一開始接收訊息的時間點，而是在感官接受系統接收後，進入知覺歷程時，注意力才選擇出進一步處理的訊息，此觀點被稱為晚選理論（或後過濾模式）（如圖 2-7 所示），其中以 Deutsch 與 Deutsch，以及 Norman 所提出的研究最具代表性（李玉琇、蔣文祁譯，2010；Galotti et al., 2010）。

2. 視覺訊息的實驗

以視覺訊息為範疇也是過濾研究的常見典型，其中著名的兩個類型為史祝普作業（Stroop task，另有譯名為叫色作業）和反應

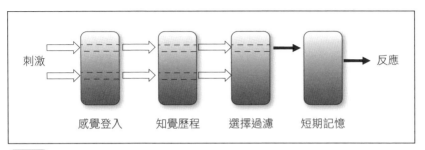

刺激 → 感覺登入 → 知覺歷程 → 選擇過濾 → 短期記憶 → 反應

圖 2-7 晚選模式示意圖

競爭作業〔response competition task，亦可稱為伴側作業（flanker task）〕（鄭昭明，2010；龔充文，2007；Freeman & Driver, 2005; Lamers & Roelofs, 2007）。

史祝普作業由 Stroop 在 1953 年所設計，其實驗結果主要反映出實驗參與者選擇性注意力的失敗，因為無法選擇性的注意到相關訊息而受到錯誤訊息的干擾，例如：要求參與者說出字體印刷顏色時，若字體本身就是顏色相關的字彙，則會讓參與者受到干擾（對著以藍色印刷的「紅色」這個詞，說出字的印刷顏色），無法忽略這些干擾訊息。上述情況也被稱為史祝普效果（Stroop effect），所代表的意義顯示，當心理反應的路徑被充分刺激時，該種心理反應會自動輸出。史祝普作業有不同形式的版本，包含數字的、方向的、動物的和情緒的（李玉琇、蔣文祁譯，2010）。

反應競爭作業的研究由著名的注意力學者 Eriksen 在 1972 年所創，在實驗設計中，將一個需要注意的字母置於中央，周圍由兩個不同的字母包圍（伴側字母），並要求實驗參與者對中央的

字母做出反應。若中央字母與伴側字母分屬於不同反應時，則會造成參與者的反應處理時間較長並產生錯誤，這是因為個體必須將注意力投注到中央的字母並抑制周圍干擾訊息，所以稱之為「反應競爭」（Eriksen, 1995; Styles, 2006）（如圖 2-8

圖 2-8 反應競爭示意圖

所示）。反應競爭的實驗主要說明了不同訊息刺激對個體所產生的競爭注意效果，若能給予線索提示或足夠的時間，則可以降低訊息競爭產生的錯誤反應。

(四)多重作業範例

多重作業範例（Multitask paradigm）的研究主要運用在同時進行兩種或兩種以上的作業過程，最常見的方式便是雙重作業（dual-task），要求實驗參與者同時進行兩項作業，藉此了解雙重作業對於參與者注意力的干擾程度（Logan & Gordon, 2001）；經典的研究為 Kahneman 在 1973 年為單一容量理論所進行的雙重作業實驗設計（龔充文，2007）。在這類的實驗中，通常會告知參與者在兩項作業中需要投注多少心理資源或注意力（可能前後兩個作業所需要的專注比例不同），來比較兩項作業間互相干擾的情形。而結果很有趣的是，作業一對作業二（作業一的專注比例較高）的干擾情形不等於作業二對作業一的干擾（作業二的專注比例較高），兩者呈現不對稱的結果。

注意力的分類

　　注意力是影響學習的關鍵，早期感官訊息的研究中，認為個體訊息的關鍵在注意力，即個體是否能將注意力放在所接收的訊息上，進而儲存這些訊息（鄭麗玉，2006），即視注意力為單一元素。近年來認知理論的興起，注意力對個體的學習不再只是單純的感官訊息接收和儲存，而是具有多元的特性，而多元注意力觀點對於認知與學習歷程之相關研究更具有一定的影響。Tayler（1995）指出，單就注意力表現來分析，注意力至少包括了注意力的容量（attention capacity）、選擇性注意力與持續性注意力三項基本元素；不同向度的注意力，都含有視覺、聽覺、觸覺等感官因素，藉由感官來接收外界訊息，表現出適當的注意力。早期的注意力研究以視覺因素為主，例如國內學者周台傑等人曾就視覺注意力編製注意力測驗（周台傑、邱上真、宋淑慧，1993）來評量具有注意力問題的兒童。該測驗以注意力容量理論模式（capacity model of attention）為依據，將注意力分成三個向度進行評量：選擇性注意力、分離性注意力和持續性注意力。

　　以下針對注意力在心理學研究的理論分類進行說明。

一、從認知觀點的分類

　　認知心理學者認為注意力不是單一的能力，而是複合性的心

理歷程能力，其中至少涵蓋三個向度：持續性注意力（sustained attention）、分離性注意力（divided attention）及選擇性注意力（selective attention）。持續性注意力是指維持住一項需要能量的活動一段時間的能力（Brickenkamp & Zillmer, 1998）；選擇性注意力是指，抑制掉競爭干擾物以集中在一個重要刺激的能力；分離性注意力是指在從事兩項以上工作時，注意力須被分別獨立運作的現象（Goldhammer, Moosbrugger, & Schweizer, 2007）。楊坤堂（2000）指出，注意力是有多個向度的。因為注意力的功能與末梢神經系統的感覺體系互相連結，因此人類具有不同感官功能的注意力（Goldhammer et al., 2007）。從感官的角度來看注意力，楊坤堂（2000）認為人類本身擁有視覺注意力、聽覺注意力、觸覺注意力等重要的注意力。而注意力本身是多元的，還可以再區分為下列五項：分離性注意力、集中性注意力、選擇性注意力、持續性注意力，以及警覺性注意力。

Posner 與 Boies 提出假設，認為注意力包含三項感官的能力，此項假設分類方式也成為後續研究所修正引用（Goldhammer et al., 2007）：

1. 警覺（alertness），廣義上被假設為能反應出身體和心理準備狀態的能力。

2. 選擇性注意力，被認為是一種選擇的神經功能，能快速的處理重要訊息並且忽視其他無關訊息。

3. 警惕性（vigilance），被認為是心理效能的容量，能夠個別的持續維持注意力一段時間。

根據上述的假設模式，Sturm則進一步提出注意力的分類：警覺、持續性注意力、選擇性注意力，以及分離性注意力。警覺係指，精神狀態能維持在隨時要做反應的程度；持續性注意力乃長時間維持警覺狀態下，可隨時辨識目標訊息之不同變化的能力；選擇性注意力指能主動聚焦於重要訊息或刺激，而同時忽略無關訊息的能力；分離性注意力指同時注意二種以上的訊息或刺激（Sturm, 2006; Sturm & Zimmermann, 2000）。

二、從臨床模式的分類

Sohlberg 與 Mateer（2001b）提出「注意力臨床模式」理論，此理論透過多年對注意力問題個案的臨床觀察，並運用扎根理論方式歸納出注意力向度（如表2-1所示）：集中式注意力（focused attention）、持續性注意力、選擇性注意力、交替性注意力（alternating attention），及分離性注意力。這五個向度除了可作為臨床診斷的依據分類外，還可提供教育現場作為注意力訓練方案設計之參考，各向度代表之意義如下（林鋐宇、周台傑，2010）：

1. 集中式注意力：指個體可以直接對特殊的視覺、聽覺或觸覺刺激產生反應的能力。
2. 持續性注意力：指個體在連續與重複的活動中，有能力可以維持一致的行為反應。
3. 選擇性注意力：指個體面對干擾物或競爭刺激下，維持行為或認知設定的能力。
4. 交替性注意力：指個體可以轉換其注意焦點，並且擁有在不

表 2-1　注意力診斷模式

構成要素	特徵	診斷工具
集中式注意力	針對不連續的視覺、聽覺和觸覺的反應	簡單的趨向和追蹤測量
持續性注意力	警覺和工作的記憶	1. continuous performance tasks 2. trails A 3. digit span 4. brief test of attention
選擇性注意力	忽視不恰當或令人分心的刺激的能力	1. test d2 2. test of everyday attention
交替性注意力	轉移設定和心理的流暢度	1. digit symbol 2. letter number (WAIS-III) 3. consonant trigrams 4. trails B
分離性注意力	針對多樣、同時的工作做出反應的能力	paced auditory serial addition test

資料來源：引自 Sohlberg, M. M., & Mateer, C. A. (2001b). Improving attention and managing attentional problems: Adapting rehabilitation techniques to adults with ADD. *Annals of The New York Academy of Sciences*, *931*, 360.

同認知需求之任務間移動的心智彈性能力。

5. 分離性注意力：指個體可以同時針對多重任務產生適當反應的能力。

肆　注意力和記憶、學習的關係

　　注意力一般被認為和認知歷程有關（張春興，1996）。認知心理學家認為，個體對於外界訊息的處理有一定的歷程階段，這

種心理歷程即可視為學習的一種方式。訊息處理歷程可簡單分為下列三個階段：感官收錄（sensory register，簡稱 SR）、短期記憶（short-term memory，簡稱 STM）、長期記憶（long-term memory，簡稱 LTM）。其中，感官收錄指個體接收環境的刺激，藉由注意力來處理需要的刺激，以便進入下個階段；亦即，注意力扮演了感官收錄與短期記憶兩個階段間的橋樑。訊息處理是一種複雜的歷程，它非單向的進行，而是個體和環境刺激的交互作用（張春興，1996）。而認知學習的能力也是利用此複雜的交互作用所建構起來。

一、注意力對記憶的影響

記憶，簡單來說並不是只有單純的經驗回憶，而是個體在最後一次回憶這個經驗時的回憶（洪蘭譯，2011）。所以每個人的記憶在大腦的處理過程中，都不停的重新發展改變。以下針對記憶的兩個重要歷程：工作記憶和長期記憶進行簡單介紹，並說明其和注意力之間的關聯。

(一) 工作記憶

另一項訊息處理歷程相關的重要記憶能力，即為工作記憶（working memory）。工作記憶是指個體在短時間中所進行的思考活動（張春興，2000），負責進行暫時儲存和操作的一個記憶系統，包含三個部分（龔充文，2007）：中央執行系統（central executive）、語音迴路（phonological loop），以及視覺空間畫板

（visuals-partial sketchpad）。其中，語音迴路和視覺空間畫板屬於輔助系統，分別負責儲存聽覺語言訊息和視覺空間訊息，亦即，語音迴路所負責的為語言工作記憶，視覺空間畫板負責空間工作記憶。中央執行系統則負責控制注意力，以及協調兩個輔助系統的活動並負責提取訊息，同時也是工作記憶中最複雜的部分。

不同於短期記憶，工作記憶可能必須同時肩負處理訊息的心理活動，例如理解、推理或分析等等。已有研究（林翰裕，2011；陳湘淳、蔣文祁，2011）指出，工作記憶的表現和注意力有關；心理學的觀點也指出，工作記憶和選擇性注意力具有一定程度的關聯，而彼此互相受到影響。

(二) 長期記憶

從心理學的角度來看，長期記憶會根據儲存材料的不同，再細分為下列三項記憶：情節／事件記憶（episodic memory）、語意記憶（semantic memory）和程序性記憶（procedural memory），其中情節／事件記憶和語意記憶又稱為陳述性記憶（李玉琇、蔣文祁譯，2010；洪蘭譯，2011；梅錦榮，2011；Tulving & Craik, 2000）。

語意記憶主要負責儲存我們所「知道或認識的事物」，可能是一種感覺（例如：酸甜苦辣）或注意過的物品（例如：糖、鹽巴），但對記憶而言只是單純記住這些事物，並無法進一步了解其中的細節關係，情節／事件記憶便是處理這些細節或關係的部分，通常與時間和空間有所關聯（洪蘭譯，2011）。情節／事件

記憶主要負責事件內容細節（例如：時間、人物、地點與經過）及其他相關事件訊息的儲存。此項記憶與個人的經驗息息相關，因為不僅儲存過去發生的事件訊息，可能還會儲存未來欲發生事件的關鍵線索，例如：學生會記得昨天考試題目的內容，並記得明天要考試的科目和範圍。而語意記憶則是我們認知結構中的一般知識或常識，包括字、詞的意義與知識，例如：我們所認知的動物、植物的名稱與特性。

　　相對於陳述性記憶的另一項記憶，即為程序性記憶。程序性記憶所代表的含義為從事某項工作或動作時，在刺激和反應之間連結而產生具有結構性的知識，例如：操作手機撥打電話、運用網路搜尋資料，以及使用ATM提款等等。一般來說，陳述性記憶主要集中在事實訊息上，而程序性記憶則是行為或技能學習步驟的基礎（龔充文，2007），表現出「怎麼做、如何做」而非「是什麼」的型態記憶（洪蘭譯，2011）。

　　綜合上述，注意力和記憶具有密切關係，同時注意力也是記憶的先備條件（張本聖、洪志美譯，2012），因為注意力會影響個體接收與處理需要記憶的訊息，進而影響學習的結果。注意力同時對於學習過程中的記憶也會有所影響。換句話說，個體在接收訊息時，會在心理保存訊息的容量，所保存的訊息可用於引導一個人目前或接下來的行動，而注意力持續程度便容易影響我們對訊息的接收與保存。一般來說，兩歲大的孩童其注意力大概只能維持七分鐘、三歲大的孩童差不多是九分鐘、四歲大的孩童則是約十二分鐘，而五歲大的孩童也僅有十四分鐘（李國英，

2006）。文獻指出，ADHD 兒童常被認為在工作記憶中出現困難（黃惠玲、趙家琛譯，2001），因為 ADHD 兒童在注意力上出現缺陷，導致他們無法確切的儲存訊息。

二、注意力對學習的影響

從學習的觀點來看，認知（cognition）的含義大致上可分成基本認知能力和後設認知（metacognition）能力兩個層次（孟瑛如，2013b；林清山譯，1997；鄭麗玉，2006）。基本認知能力可視為個體經由意識活動對外在環境事物的認識與理解之心理歷程（張春興，2000），舉凡知覺、注意、想像、記憶、辨認、理解、推理、判斷等等心理活動，均可視為認知能力的一種；後設認知則指對於前述認知能力的執行與掌控的過程，包含了對認知的監控、檢核和調整，亦可稱為是個人對認知的認知（林清山譯，1997；張春興，2000）。兒童在學習階段所發展的認知能力中，同時也包含了學生必要的課堂學習技巧，這些技巧包含閱讀技巧、聽覺理解技巧、摘錄重點（抄筆記）技巧、口頭報告、圖表協助學習技巧、考試技巧、記憶策略和時間管理技巧等八項（孟瑛如，2013c）。這些學習技巧與方法除了藉由認知能力去發展外，甚至運用到後設認知的能力。

注意力在認知能力中扮演著不可或缺的角色，此項能力將影響其他基本認知能力的習得與發展，甚至影響後設認知能力的執行。以記憶力發展為例，孩童欲發展適切的記憶策略，首先必須有系統的記下所接收到的學習刺激，進而發展出有效的記憶規則

和方法。在這個過程中，必須由注意力來加以輔助，否則孩童在缺乏專心注意的情形下，將無法完整而有系統的記下學習材料，也無法發展出適切的記憶策略。

英國學者以六至十二歲學齡兒童為研究對象，發現一旦排除經濟和文化上的差距，該年齡層學生的注意力表現對其學業成就具有很大的影響；其結論也指出，改善學生注意力問題將有助於提高這些學生的學業表現（Durbrow, Schaefer, & Jimerson, 2001）。同樣以學齡兒童進行的研究也指出，注意力不足會造成學生的字彙能力與學業表現低落，該研究建議，改善注意力問題有助於提高兒童學習成效（Little, Das, Carlson, & Yachimowicz, 1993）。

由上述內容可以了解，注意力不論是對訊息接收儲存、認知歷程，或是學習發展，都具有一定的影響力。若兒童的注意力有缺陷，不論是過多或缺乏，勢必都會對其學習有不良的影響。

伍 注意力相關的診斷標準

我們要如何界定注意力的好壞？注意力問題的嚴重程度該如何界定？以下將就目前國內外相關的診斷依據和國內注意力相關之診斷工具的介紹，來界定注意力的問題。

一、國外診斷標準

注意力的問題在實驗室的研究評量可分為警覺、持續性注意

力、選擇性注意力、轉移性注意力（distractibility attention）和衝動。而在教室臨床的研究則以專注行為（on-task behavior）為主要變項（Hallahan, Kauffman, & Llyod, 1985）。注意力問題的診斷上最常被引用的為DSM-5（APA, 2013），其中提到有關注意力缺乏的症候，即注意力缺陷過動症（ADHD）一詞。在其診斷標準中，提到注意力缺陷及過動的診斷標準，如表2-2所示（APA, 2013）。

從DSM-5中所列舉的診斷標準可知，當孩童在注意力上有缺陷時，將在學習、行為和生活適應上出現若干困擾。另外，在《國際疾病分類法》（*International Statistical Classification of Diseases and Related Health Problems*, 10th Revision，簡稱ICD-10）中也提出過動症一詞，認為注意力缺乏時將出現不專注的現象，其症狀將出現明顯的痛苦，或對社交、學校或課業能力產生不良的影響（WHO, 2000）。

最新版DSM-5於2013年5月出版（APA, 2013），對ADHD的診斷做了些微的調整，對於過去 DSM-IV 中的症狀描述並無重大修正，仍然將 ADHD 亞型分為三大類：注意力不足型（Attention-Deficit Disorder）（314.00/F90.0）、過動／衝動型（Hyperactivity Disorder）（314.01/F90.1），以及合併型（314.01/F90.2）；另外對於出現ADHD的行為特徵的年齡，明確指出部分ADHD特徵到十二歲前才會被發現。同時，APA 根據 1994 年以來有關ADHD 的臨床研究指出，ADHD 的症狀為不專注、過動與衝動，除了在兒童期發生，亦會持續至青年甚至到成年期（十七歲），若在青春期到成年期間符合注意力缺陷或過動／衝動亞型中的五

表 2-2 DSM-5 之 ADHD 診斷標準

注意力缺陷／過動症

診斷標準

A. 一個持續注意力缺陷和／或過動－衝動的模式，妨礙其功能或發展，特徵如下列 1 和／或 2。

1. 注意力缺陷（Inattention）

下列九項注意力缺陷症狀中至少出現六項，且持續六個月以上，有適應不良現象，且其表現未達應有之發展階段，同時對於社交和學業／職業的活動有直接負面影響。

註：這些症狀並非單獨地顯示出對立、反抗、敵意，或是失敗於了解作業或是教學過程中。對於青年或是成年（指十七歲或是年齡更大），則必須至少符合五項症狀。

a. 經常缺乏對細節的專注，或在學校功課、工作或其他活動中粗心犯錯。（例如：忽視或錯失細節）

b. 經常在做作業或遊戲活動時不能專注持久。（例如：在上課時無法持續專注聆聽）

c. 經常有聽而不聞的現象。（例如：即使在無明顯分散注意源的情形下，亦會呈現心不在焉的現象）

d. 常常不聽從指示，因而無法完成學校功課、雜務或該做的事。（例如：可以開始工作，但會迅速失焦或分心）

e. 對於完成需要組織或按照順序的工作或活動有困難。（例如：在安排順序性的工作上有困難、在物歸其位上有困難、在時間管理上極差、無法如期完成工作等）

f. 常常逃避、厭惡或是抗拒需要持續專心的事物。（例如：學校作業、家事等）

g. 常弄丟工作或活動的必要物品。（例如：家庭聯絡簿、鉛筆、課本、用具、鑰匙、眼鏡、手機等）

h. 經常因為外界刺激而分心。（對於青年或成年則可能包含無關的想法）

i. 健忘。（例如：經常忘記做家事、幫忙跑腿；對於青年或成年則是忘記回電話、付帳單和定時約會）。

（續下表）

注意力缺陷／過動症

2. 過動和衝動

下列九項過動／衝動症狀中至少出現六項，且持續六個月以上，有適應不良現象，其表現未達應有之發展階段，同時對於社交和學業／職業的活動有直接負面影響。

註：這些症狀並非單獨地顯示出對立、反抗、敵意，或是失敗於了解作業或是教學過程中。對於青年或是成年（指十七歲或是年齡更大），則必須至少符合五項症狀。

a. 經常坐立難安，手腳動來動去，或是身體在座位上扭動不停。

b. 經常在需要保持坐在位子的情形下離開座位。（例如：在教室中離開自己座位）

c. 經常在不適當的情境下過度跑來跑去或爬上爬下。（註：在青年或成年可能因為被限制而感到焦躁不安）

d. 經常不能好好的玩或是安靜地從事休閒活動。

e. 舉止彷彿裝上馬達一般，沒有辦法持續做一件事而換來換去。（例如：不能夠持續的或是舒適的保持安靜，當在餐廳、會議中，可能令他人感受到的是焦躁不安，或是很難跟上進度）

f. 經常多話。

g. 經常在問題講完前搶著說出答案。（例如：接著說完別人的句子；在對話中無法等待輪到他說）

h. 經常在需輪流的團體活動或遊戲中不能等待。（例如：當排隊等待時）

i. 常常打斷或干擾別人。（例如：干擾對話、遊戲或是活動；可能未經過詢問或得到允許就使用他人物品；對於青年或成年可能是干擾或指責別人做的事情）。

B. 數種注意力不足或過動－衝動的症狀會發在十二歲之前。

C. 數種注意力不足或過動－衝動的症狀發生於兩種或兩種以上的情境。（例如：在家、學校、或工作中；和朋友或其他親屬相處；在其他的活動裡）

D. 有明確證據顯示這些症狀會對社交、學業或是職業功能，造成妨礙或降低品質。

E. 這些症狀非發現於精神分裂症或另一個精神病的病程，同時也不能用其他精神疾病的診斷做解釋（例如：情感性疾患、焦慮症、解離症、人格疾患、物質成癮或戒斷）。

資料來源：American Psychiatric Association [APA] (2013). *Diagnostic and statistical manual of mental disorder (5th ed.)：Attention-deficit/hyperactivity disorder* (pp. 59-60). Washington, DC: Author.

項特徵，也可以診斷為 ADHD，並根據其需求提供適當之支持
（APA, 2013）。

₩ 二、國內診斷之相關定義

在國內身心障礙的鑑定中，並不像國外般特別針對注意力的
問題進行障礙分類或診斷的定義，而常見的注意力缺陷過動症，
則歸入情緒障礙之中。國內《身心障礙及資賦優異學生鑑定辦法》
（教育部，2013）第九條中提到情緒行為障礙定義：

> 本法……所稱情緒行為障礙，指長期情緒或行為表
> 現顯著異常，嚴重影響學校適應者；其障礙非因智能、
> 感官或健康等因素直接造成之結果。
> 前項情緒行為障礙之症狀，包括精神性疾患、情感
> 性疾患、畏懼性疾患、焦慮性疾患、注意力缺陷過動症、
> 或有其他持續性之情緒或行為問題者。

注意力缺陷過動症為因其注意力問題而造成行為反應異常，
不僅造成生活適應的困擾，甚至在學業、社會和人際方面的適應
上，也會有嚴重的問題。除上述的定義外，在《身心障礙及資賦
優異學生鑑定辦法》（教育部，2013）第九條中並提到：

> 第一項所定情緒行為障礙，其鑑定基準依下列各款
> 規定：

一、情緒或行為表現顯著異於其同年齡或社會文化之常
態者，得參考精神科醫師之診斷認定之。

二、除學校外，在家庭、社區、社會或任一情境中顯現
適應困難。

三、在學業、社會、人際、生活等適應有顯著困難，且
經評估後確定一般教育所提供之介入，仍難獲得有
效改善。

目前國內對於注意力缺陷在教育上的定義和診斷仍未有很明
確的標準，大都仍以醫院精神科的診斷為依據，不過依照上述定
義和鑑定標準可以了解，注意力的問題必須經由精神科醫師的診
斷評估，而其問題必須是跨情境的出現，並且對生活適應已經造
成相當程度的影響，才符合國內之鑑定標準。

三、注意力診斷之相關工具

測量注意力問題的評量工具或診斷測驗並不多見。國內較常
使用的測驗工具有「多向度注意力測驗」與「魏氏兒童智力量
表」，其中「魏氏兒童智力量表」還可分為第三版（簡稱 WISC-
III）與第四版（簡稱 WISC-IV），目前已出版第五版（簡稱
WISC-V）。有關國內診斷注意力的相關測驗工具介紹說明如下。

(一) 魏氏兒童智力量表

1. 「魏氏兒童智力量表」第三版

由「魏氏兒童智力量表」第三版（The Wechsler Intelligence Scale for Children-Third Edition）的四項因素指數可看出參與者的心理特質，從其中的專心注意指數（Freedom from Distractibility Index，簡稱 FDI）和處理速度指數（Processing Speed Index，簡稱 PSI）便可看出參與者注意力的表現情形。專心注意指數所指為個人行為表現不受外在因素影響而能專注於行為表現的程度；處理速度指數則為個人在有限時間內處理視覺訊息之能力（孟瑛如，2013b；黃姿慎、孟瑛如，2008）。因此在這兩項因素指數偏低時，便有可能是注意力方面出現若干缺陷所造成。

2. 「魏氏兒童智力量表」第四版

「魏氏兒童智力量表」第四版（The Wechsler Intelligence Scale for Children-Forth Edition，簡稱 WISC-IV）承襲 WISC-III 的理論架構並加以修訂，其中工作記憶指數（Working Memory Index，簡稱 WMI）和處理速度指數（PSI）被認為和注意力與認知功能有關（陳榮華、陳心怡，2007）。

在 WISC-IV 的理論中認為，工作記憶是指在意識察覺下主動保留訊息，再針對這些訊息執行操作或較精細的處理而產生的結果；而處理速度被認為是認知功能和學習中一項重要的因素，同時與工作記憶和推理能力之間呈現動態的相互作用（陳榮華、陳

心怡，2007）。

(二)多向度注意力測驗

學者周台傑、邱上真與宋淑慧（1993）所編製之「多向度注意力測驗」，係針對不同的注意力向度進行測量，其內容分為三個分測驗：選擇性注意力、分離性注意力及持續性注意力。該測驗實施對象可分為低、中、高年級三個階段，依實施階段不同而有時間上的不同，總時間分別為三十、二十四和十八分鐘。

本測驗在使用上較為費時，而且在評量上以視覺注意力為主，對於有視知覺缺陷的學生便無法實施，適用於國小階段兒童。

(三)注意力缺陷╱過動障礙測驗

由學者鄭麗月（2007）所修訂的「注意力缺陷╱過動障礙測驗」（ADHDT），該測驗內容依照 DSM-Ⅳ 對注意力缺陷過動症之定義與分類，將測驗內容分為過動性、衝動性與不專注三部分，並針對這三項分類列舉相關之特徵。本測驗的施測形式屬於自陳量表，由熟悉疑似個案學生之教師或家長，根據日常所觀察到的學生表現，填答測驗內容。本測驗適用於四歲到十八歲的兒童與青少年。

(四)注意力測驗

由研究者陳振宇與謝淑蘭所編製，經學者吳裕益與邱上真等人所發展之「兒童認知功能綜合測驗」（吳裕益等人，1996）中

的一項分測驗。該注意力測驗包括：干擾、分心、轉換與偵測四項，適用於五到八歲兒童。

(五) 持續性操作測驗

「持續性操作測驗」（Continuous Performance Test，簡稱CPT）是實驗室中最常被用來評估持續性注意力表現的測驗工具，最早是用來評估腦傷者的注意力反應（Rosvold, Mirsky, Sarason, Bransome, & Beek, 1956）。「持續性操作測驗」有許多版本，但其基本概念都是讓參與者接受一連串的選擇刺激，再從中區辨出正確的反應目標（張如穎，2004）。以 X-type CPT 測驗為例，其測量方式是以固定間距 920 毫秒速度呈現一系列字母的視覺刺激，參與者必須在字母 X 出現時按壓反應桿，且在非 X 字母出現時不能按壓反應桿。

在 CPT 測驗的表現中可以了解到參與者在專注、警覺與抑制能力表現，同時也能評估參與者對刺激的錯誤作答（commitment）與忽視（omission）情形。這種測驗方式亦可視為一種視覺注意力測驗，對於檢測 ADHD 兒童的注意力表現有很大的幫助（張如穎，2004；黃尚怡，2004；Losier, McGrath, & Klein, 1996; Taylor, 1995）。

(六) 國小兒童注意力測驗

「國小兒童注意力測驗」由學者林鋐宇、周台傑（2010）所發展，依據注意力臨床模式（clinical model of attention）作為理論

依據，將注意力分為集中性、持續性、選擇性、交替性與分配性等五種因素進行測量。測驗共分為十項分測驗，測驗時間約四十分鐘，適用於國小一到六年級學童使用。在測驗結果解釋上，除了全量表分數外，亦能依照五項注意力因素分別解釋。

　　測驗的信度考驗，各年級學生之 Cronbach's α 信度係數介於.77〜.83之間，各注意力因素層面之 Cronbach's α 信度係數介於.78〜.97之間，顯示該測驗具有良好的內部一致性與穩定性；全量表與各注意力分量表重測信度係數於 .71〜.91 之間，顯示測驗具有良好的重測信度。在效度表現方面，該測驗亦通過內容效度、同時效度與構念效度之考驗，是一份兼具信度與效度，且擁有本土常模數據之注意力測驗。

(七)電腦化注意力診斷測驗（CADA）

　　「電腦化注意力診斷測驗」（Computerize Attention Diagnostic Assessment，簡稱CADA）由孟瑛如、簡吟文、陳虹君、張品穎與周文聿（2014）所編製，適用於學前至國中學生，試題內容參考相關測驗與注意力理論架構，建構出以電腦為介面施測的注意力診斷測驗。該測驗共包含十個分測驗，並可以再歸納為三項因素解釋。

　　測驗的信度考驗，各年級學生之 Cronbach's α 信度係數介於.72〜.86 之間，三項注意力因素層面之Cronbach's α 信度係數介於.67〜.91 之間，顯示該測驗具有良好的內部一致性與穩定性；在效度表現方面，該測驗亦具備內容效度，三項因素與全測驗之相關

係數介於 .756～.834 之間，構念效度之考驗三項因素信度分別為 .766、.742 與 .856，是一份兼具信度與效度，同時具有本土常模數據與臨床個案驗證之電腦化注意力測驗。

CADA 在測驗結果解釋上，除了運用全測驗總分解釋整體的注意力表現外，還能分別解釋三項因素：圖畫注意力、推理注意力和語文注意力，來進行不同注意力向度的測驗結果說明。而 CADA 在施測上改善傳統紙筆測驗的限制，有效降低人工閱卷與結果解釋之誤差。

(八)學前至九年級注意力缺陷過動症學生行為特徵篩選量表（K-9 ADHD-S）

「學前至九年級注意力缺陷過動症學生行為特徵篩選量表」（K-9 Students with Attention Deficit-Hyperactivity Disorders Behavioral Characteristic Scales，簡稱K-9 ADHD-S）由孟瑛如、簡吟文與陳虹君（2016）採教育應用的觀點出發，參考DSM-5與國內對ADHD 學生的行為特徵調查研究，經由嚴謹程序編製而成。主要功能有：篩選注意力缺陷過動症高危險群之學生；分析學生在注意力缺陷或過動和衝動之表現特徵，以便後續進行診斷或教學介入。

注意力缺陷與過動和衝動兩大分量表，並有教師版以及家長版，可由跨情境觀察學生的注意力缺陷、過動行為與衝動控制等學習行為特徵。教師版與家長版在學前與一至九年級之內部一致性信度介於 .973 至 .981；教師版、家長版在學前與一至九年級階

段內部相關均達到 .90 以上；ADHD 學生以及一般學生差異比較，在各版本各階段之總分與分量表均達到顯著差異。

　　本量表採五點量表計分，依教師版、家長版以及各階段（學前、一至二、三至四、五至六、七至九年級）對照不同百分等級與標準分數，分數愈高，代表注意力缺陷過動症問題之可能性愈高，並可與切截數做比較，以篩檢出疑似為 ADHD 的個案或具明顯注意力、過動和衝動之特徵表現。

CHAPTER 3

誰有注意力問題？
輕度障礙的注意力
特徵和問題

　　第二章介紹了注意力的相關理論及定義，並從不同觀點來探討注意力的分類。但在教育現場中，我們希望能了解兒童在學習時產生的注意力問題在哪裡。注意力的問題普遍存在身心障礙兒童身上，部分會延伸到成年階段，同時，注意力問題嚴重者更影響學習和生活適應。以下針對資源班常見的障礙類別：學習障礙、注意力缺陷過動症、智能障礙、自閉症及亞斯伯格症，介紹其注意力特徵和相關問題。

壹 學習障礙的注意力特徵和問題

一、學習障礙的注意力特徵

　　許多學習障礙的孩童被發現多半具有注意力的問題（孟瑛如，2013b，2013c；洪儷瑜，1995；楊坤堂，1995，2002；Bender, 2002; Lerner & Johns, 2012）；也有其他心理方面的研究指出，學習障礙學生比較容易分心，他們很難將注意力集中在相關的刺激或學習材料上，這也可以讓我們間接了解到學習障礙學生無法像一般學童那樣，將學習建立在自動化階段（洪儷瑜，1995），他們隨時需要較多的注意力來維持學習（Smith, 1994）。根據《身心障礙及資賦優異學生鑑定辦法》（教育部，2013）第十條，對於學習障礙的定義如下：

　　　所稱學習障礙，統稱神經心理功能異常而顯現出注意、記憶、理解、知覺、知覺動作、推理等能力有問題，致在聽、說、讀、寫或算等學習上有顯著困難者；其障礙並非因感官、智能、情緒等障礙因素或文化刺激不足、教學不當等環境因素所直接造成之結果。

　　　前項所定學習障礙，其鑑定基準依下列各款規定：
一、智力正常或在正常程度以上。

二、個人內在能力有顯著差異。

三、聽覺理解、口語表達、識字、閱讀理解、書寫、數
　　學運算等學習表現有顯著困難，且經確定一般教育
　　所提供之介入，仍難有效改善。

　　由上述定義可以推知，學習障礙是具有基本心理歷程的缺陷，
而注意力的問題即是基本心理歷程缺陷中的一部分。

　　注意力缺陷與活動過多都是學習障礙者甚為普遍的現象。根
據國外學者的推估，約有 15%～20%的學習障礙學生兼具 ADHD
的問題（Sliver, 1990）。活動過多的主要原因來自於注意力的缺
陷，但是注意力缺陷未必有活動過多的問題（胡永崇，2000）。
單純的注意力缺陷，被稱為注意力缺陷／缺乏／不足，一般統稱
為注意力不足（Attention-Deficit Disorder，以下簡稱 ADD），和
ADHD 最大的差異在於，注意力不足並不具有過動或衝動的行為
特徵，所表現的往往是缺乏注意力、分心或無法專注等等。根據
目前學術界所提出的分類與看法，有些學者依照精神疾病診斷
DSM-IV-TR 的觀點，將 ADD 兒童視為 ADHD 中的一個亞型（洪
儷瑜，1999；鄭麗月，2007；APA, 2000）；有些則從心理歷程和
學習問題表現，將之納為學習障礙中的一類（孟瑛如，2006；簡
吟文，2008；Bender, 2002; Lerner & Johns, 2012）。而筆者則依照
目前國內的學習障礙定義及過往的臨床經驗，認為注意力缺陷的
問題是學習障礙特徵的其中一項，應將注意力缺陷兒童歸納為學
習障礙兒童中的一類。

二、學習障礙的注意力問題

國內學者胡永崇（2001）則從學習歷程觀點來看，分別從以下幾個向度解釋學習障礙學生的注意力問題：

1. 注意力速度：指學習刺激出現至學習者加以注意所需的時距。當孩童的注意力速度緩慢時，可能會錯失對短暫訊息的注意，而影響其自身處理訊息的速度。

2. 注意力廣度：指學習者在同一時間內所能注意到的訊息量。當孩童的注意力廣度較小時，可能就無法在同一時間內注意多樣或較多的學習訊息刺激。

3. 注意力集中度：指學習者注意力的專注、聚焦程度。當孩童無法將注意力集中在學習的訊息上時，學習便無法出現成效；唯有在學習時專注於學習訊息上，才會有事半功倍的效果出現。

4. 注意力持續度：指學習者注意力集中所持續的時距長短。當孩童的注意力持續度太短時，便無法進行較長時間的學習，對於長時間的學習訊息呈現，也容易顯現不耐煩、分心的現象。

5. 選擇性注意力：指學習者是否能將注意力的資源放在學習的重點或是主要的訊息內容上。每個人的注意力資源都是有限的，若是在學習的過程能將焦點放在重要的內容中，便不容易出現注意力負荷過重或注意力焦點偏差，而影響學習的進度和速度。

6. 注意力切換性：指學習者是否能在學習的過程中，將注意力做適度的切換。當孩童無法將注意力做適度的切換時，會使得注意力只集中在某些部分，而呈現注意力固執的現象。孩童需保持良好的注意力切換性，才能在學習的過程中，不斷變換注意的焦點。

學習障礙兒童具備的注意力缺乏問題，最易表現於課堂學習時所需的專注行為上。其在專注行為的表現方面，普遍顯著低於一般正常孩童（Hallahan et al., 1985），他們無法將注意力快速的轉移到學習內容或訊息中。學習障礙學生常見的注意力問題包括：過動、分心、專注力不足和注意力廣度不足（楊坤堂，1995，2002）。

另外，注意力不足和注意力過度都算是注意力失常，對學習的影響都是不利的。注意力不足的學習行為特徵常見如下（楊坤堂，1995，2002）：

1. 無法集中注意力。
2. 無法篩選環境刺激，容易分心。
3. 過度警覺。
4. 過度易怒。
5. 注意力廣度不足。
6. 面對複雜的學習活動，容易出現白日夢或心智暫時阻塞現象。
7. 完成作業速度較慢，時間亦較長。
8. 需要更多的學習時間。
9. 難以獨力完成工作，需要教師督導等。

而注意力過度所表現的特徵即是不能轉移注意力，表現出注意力固著的現象，常無法注意重要的主體，反而會去注意不重要的細節。

在「魏氏兒童智力量表」第三版（WISC-III）的解釋上，學習障礙者在專心注意指數和處理速度指數得分較低（陳榮華編譯，1997）。在此兩項因素指數得分低於平均值，或符號替代與記憶廣度兩項分測驗得分最低時，容易出現注意力缺陷伴隨過動的情形（孟瑛如、陳麗如，2000）。

在學習表現上，國內學者以「學習特徵檢核表」所做的相關研究中（孟瑛如，2013a，2013c）發現，從生理發展來看，學習障礙學生在專心注意的表現上較顯不足。另外，學習障礙學生也在學業上表現出無法專心注意的學習態度，注意力的缺乏似乎也成為學習障礙學生在學習上的特徵。

孟瑛如（2013c）曾針對學習障礙學生在課堂學習時容易出現的學習特徵，整理出注意力／記憶力、知覺或知動協調能力、理解／表達／推理能力、情緒與社會適應四大項，並提出相關的補救解決方法。在有關注意力問題方面，孟瑛如（2006）認為，注意力對學習所造成的問題可大致區分為下列四種特徵：注意力渙散、注意力缺乏、注意力短暫與注意力固執，每個特徵所造成的學習問題與相對應的補救教學都不盡相同，簡述如下：

1. 針對年紀大一點的注意力渙散孩子，可以條列的方式交代孩子工作，並以文字、注音或圖畫說明如何完成各項工作步驟，讓孩子可依說明步驟執行。若是年紀小一點的孩子，則可給

予完整的流程圖，讓孩子依步驟做事，完成後，再給予鼓勵。一段練習時間之後再慢慢加深工作的難度。

2. 針對注意力缺乏的孩子，可把工作簡化成幾個步驟，示範給孩子看後，要求他自行逐步操作一次。每完成一個小步驟均可視情形給予獎勵，同時應邊操作邊提示口訣或重點，以達到大人藉由放聲思考方式協助其完成工作的目的。

3. 針對注意力短暫的孩子，應訓練其將自己的工作分成更小的部分，然後一步一步的完成工作並給予適度休息，例如：將作業分成若干小部分，要求孩子十五分鐘內要完成第一部分，若有達到目標，則可休息五分鐘，之後再繼續第二部分。

4. 為引起動機，逐步訓練注意力固執的孩子獨立完成工作的能力，可以將工作中最簡單的部分留給孩子獨立完成，之後逐漸增加他獨立作業的時間。過程中應注重轉移固執源（意指會讓孩子的注意力集中其上，卻非合時合地合宜的行為或物品），以建立新行為的原則。例如：可以讓喜歡玩衣領的孩子盡量穿著圓領的衣服，以減少其玩衣領的行為；喜歡亂塗鴉者，可要求其手放背後上課，或是兩手抓握課本使課本立著，讓孩子不能用手塗鴉或是因課本立著而增加塗鴉的困難度，進而增加專心聽課的新行為；會因在考試時某一題答不出而「卡」住者，可要求其建立在不會作答的題目上畫記即接著做下一題的習慣，使畫記行為暫代固執行為，以利考試作答行為的流暢性。

貳 注意力缺陷過動症（ADHD）的注意力特徵和問題

一、ADHD 的注意力特徵

　　Barkley（1990, 1998）曾提出 ADHD 兒童的五項重要特徵，包括不注意、衝動、過動、規則行為習得的缺陷，以及成就表現不穩定；並同時認為不專注或注意力缺乏的問題可再分成下列幾項（Barkley, 1998）：

1. 警覺。
2. 選擇性注意力。
3. 持續性注意力。
4. 轉移性注意力。
5. 注意力廣度（span of attention）。

　　而上述的注意力問題，除了出現在教室的學習情境，亦可能顯現於下課或課間活動的自由時間。顯示注意力問題是 ADHD 兒童明顯的特徵，當時 Barkely 就以不注意、衝動、過動三項作為注意力問題的特徵，直到 DSM-IV-TR（APA, 2000）才將注意力不足（不專注）、衝動與過動作為診斷 ADHD 與亞型分類的標準（孔繁鐘譯，2007）。

　　國內亦有 ADHD 行為特徵的調查研究，例如孟瑛如、謝瓊慧

與陳季翎（2013）參考DSM-IV-TR描述之特徵，發展出「國小階段注意力缺陷過動症學生行為特徵調查問卷」（教師版／家長版）進行研究調查，將國小階段 ADHD 兒童的行為特徵分成三個量表：注意力不足症狀、過動症狀和易衝動症狀。分析教師版問卷之結果，在注意力不足症狀分量表部分，以「容易受外界刺激影響而分心」（$M = 4.16$，$SD = .87$）之特徵在五點量表中得分最高，其他如：「不能在時限內完成個人作業」（$M = 4.07$，$SD = .84$）、「座位周圍容易很髒亂」（$M = 4.07$，$SD = 1.10$）、「容易因周遭環境的人事物改變而分心」（$M = 4.17$，$SD = .86$），以及「容易注意一些可能被其他人忽略的瑣碎聲音或事情」（$M = 4.16$，$SD = .88$）等，特徵得分平均數也都在 4 分以上。

過動症狀部分，「容易手忙腳亂或坐時扭動不安」（$M = 3.78$，$SD = 1.13$）得分最高；而易衝動症狀部分，「考試或做作業時，會沒看完題目就作答」（$M = 3.55$，$SD = 1.06$）及「在遊戲或活動中會向前推擠」（$M = 3.60$，$SD = 1.21$）為 ADHD 學生易衝動部分頻率較高之行為（孟瑛如等人，2013）。

上述的研究亦提及 ADHD 兒童的正向行為部分。就教師的觀點來看，「從事有興趣的活動時能維持較長的注意力」（$M = 3.82$）及「玩電腦或上電腦課時會很專心」（$M = 4.34$）此二項在教師版量表中得分均高，顯示 ADHD 學生在從事他有興趣的活動及玩電腦時，經常都能很專心；另外，過動症狀分量表中「活動或運動後注意力會比較好」（$M = 2.93$）得分接近平均數，推測可能在從事活動及運動後，ADHD 學生之注意力會有正向提升的趨

勢（孟瑛如等人，2013）。

注意力缺陷過動症在國內被納入情緒行為障礙中，國內《身心障礙及資賦優異學生鑑定辦法》第九條對情緒行為障礙之定義為（教育部，2013）：

　　所稱情緒行為障礙，指長期情緒或行為表現顯著異常，嚴重影響學校適應者；其障礙非因智能、感官或健康等因素直接造成之結果。

　　前項情緒行為障礙之症狀，包括精神性疾患、情感性疾患、畏懼性疾患、焦慮性疾患、注意力缺陷過動症、或有其他持續性之情緒或行為問題者。

　　第一項所定情緒行為障礙，其鑑定基準依下列各款規定：

一、情緒或行為表現顯著異於其同年齡或社會文化之常態者，得參考精神科醫師之診斷認定之。

二、除學校外，在家庭、社區、社會或任一情境中顯現適應困難。

三、在學業、社會、人際、生活等適應有顯著困難，且經評估後確定一般教育所提供之介入，仍難獲得有效改善。

由上述的定義和鑑定標準可以知道，注意力缺陷過動症學生因其行為反應異常，不僅造成生活適應的困擾，甚至在學業、社

會和人際方面的適應上，也會具有嚴重的問題。

二、ADHD 的注意力問題

　　ADHD 兒童常有注意力持續的問題，其衝動的特徵也是由於他們無法持續控制自己的反應所致（王乙婷、何美慧，2003）。學者宋維村與侯育銘（1996）指出 ADHD 在注意力方面的問題：ADHD 兒童對於選擇注意的事項、抑制不相干的刺激、注意力的持續和抑制分心等方面，都可能出現缺損。

　　ADHD 學生的類型，依其症候群還可再分為：注意力缺乏型（ADD），及過動／衝動型（hyperactivity disorder，簡稱 HD）（APA, 2013）。其中 ADD 學生容易表現出退縮、做白日夢、活動量不足和害羞等特徵，且比較不受友伴歡迎；而 HD 的兒童則出現較外向性和分裂的行為（楊坤堂，2000）。國外學者 Barkley（1998）認為，ADHD 兒童的主要問題不在注意力的不足，而在於行為抑制力不足，換句話說，他們所欠缺的是行為和反應的抑制能力。以下根據 DSM-5 的描述，說明 ADHD 亞型的注意力問題（APA, 2013）。

1. 注意力缺陷

(1) 經常缺乏對細節的專注，或對於學校作業、工作上或其他活動期間的錯誤顯得毫不在意。

(2) 經常在持續保持專注於工作或進行活動時出現困難。

(3) 經常在直接對話中表現出聽而不聞。

(4) 經常在教學中無法徹底完成，或是在完成學校工作、例行事務或是工作場所的職務出現缺失。

(5) 經常在組織工作和活動上出現困難。

(6) 常常逃避、不喜歡或是必須勉強去參與需要持續專心的工作。

(7) 常常遺失工作或活動中之必需物品。

(8) 經常因為外來刺激而分心。

(9) 經常遺忘每日例行活動。

2. 過動

(1) 經常坐立不安，或是拍動手腳，或是在椅子上不停扭動。

(2) 在需要保持坐在座位的情形下，經常離開位子。

(3) 常常在不適當的情境下跑來跑去或攀爬。

(4) 經常不能安靜地從事或參與休閒活動。

(5) 經常的忙碌，舉動彷彿是裝上馬達一般。

(6) 經常過度地說話。

(7) 經常在問題結束前不假思索地說出答案。

(8) 經常在等待行為上有困難（例如：當排隊等待時）。

(9) 常常打斷或打擾別人。

最新的 DSM-5（APA, 2013）遵照舊有 DSM-IV-TR（APA, 2000）對 ADHD 描述的行為特徵，同時將 ADHD 的亞型歸納成注意力不足、過動／衝動，以及合併型三類（孔繁鐘譯，2007）。值得注意的是，就我們過去對 ADHD 的認知，這些症狀可能在兒

童期（七歲前）被發現，但在新的診斷則指出，部分 ADHD 的行為症狀可能在十二歲前才會被發現；同時也指出，注意力缺陷以及過動／衝動的症狀會持續到青春期及成年期（十七歲）（APA, 2013）。

　　有學者指出，ADHD 會因為年齡層的不同，而有不同的特徵和問題，儘管注意力缺陷的問題會隨年紀增長而趨於緩和，但也會再衍生出不同的特徵。例如在兒童（國小學生）階段的 ADHD 特徵是靜不下來、坐立不安、組織能力不足、愛講話、喜歡和手足或同學打架等；在學校的表現常有行為問題、缺乏朋友、孤獨、學業低成就、易引起同儕側目、學習不專注易分心等（楊坤堂，1999）。

　　有別於 DSM 的分類方式，Amen 醫生根據其臨床個案經驗，及對不同 ADD/ADHD 個案在單分子斷層掃瞄大腦皮質活動量的結果，將具有注意力缺損問題的兒童，歸納成六種亞型 ADD：典型、渙散型、過度集中型、顳葉型、邊緣系統型，以及火環性。每一類型在注意力表現和行為特徵上各有不同，簡單說明如下（謝維玲譯，2011）。

1. 典型 ADD

　　即是最常見的過動症，主要因為大腦缺乏多巴胺，導致前額葉皮質區和基底核的活動低落，而產生注意力或過動的問題。主要的行為特徵表現包括：注意力不集中、容易分心、做白日夢、

記性差容易遺忘、缺乏組織能力、過動／衝動性的思考。其中，過動和衝動是其重要特徵。

2. 渙散型 ADD

是一種容易被忽視的 ADD 類型，和典型 ADD 相同，因為缺乏多巴胺使得前額葉活動低落，但是被影響的前額葉區和典型 ADD 不同。主要的行為特徵表現包括：容易分心、特別安靜、容易發呆、做白日夢、給人懶散或遲緩的感覺。此類型雖然也表現出注意力不集中，但卻沒有過動或衝動的特徵，安靜寡言反而是重要的特徵，此類又以女孩子的比例居多。

3. 過度集中型 ADD

這類型的 ADD 主要因為大腦前扣帶迴的活動太過活躍，導致注意力過度集中而無法轉移，同時也和血清素神經元有關。過度集中型 ADD 除了具有 ADD 的主要症狀外，更容易出現注意力轉移困難、注意力固執的情形，也因此容易出現過度的負面思考和行為模式，而這類 ADD 的父母（或家族長輩）經常被發現有物質（藥物）濫用和酗酒的習慣。過度集中型 ADD 者經常出現的特徵包括：容易有負面思考、過度憂慮、容易有強迫行為和缺乏彈性等等。

部分過度集中型 ADD 常被發現伴隨有妥瑞氏症（Tourette's syndrome，簡稱 TS）。妥瑞氏症是一種抽動性疾患，通常會出現運動性抽動（眨眼、聳肩、搖頭晃腦或手腳抖動等不自主身體動作）或發聲性抽動（清喉嚨、噴鼻息、吹氣或罵髒話等不自主發

出聲音），且長達一年以上。

4. 顳葉型 ADD

　　這類型的ADD主要因為顳葉的活動過低，導致前額葉皮質區的血流過少而無法集中注意力。顳葉型ADD經常會引發嚴重的行為問題，甚至是暴力或自殺的行為；除了注意力問題外，情緒問題和記憶、學習問題也常常出現在這類 ADD 上。顳葉型 ADD 常出現的特徵包括：為小事而暴怒、個性敏感容易偏執、暴躁、容易遺忘、記憶困難、有暴力的傾向、容易有負面思考，以及容易感到恐慌等等。顳葉型ADD也常被發現有腦部創傷或顳葉功能異常（例如：顳葉癲癇），因此必須格外注意此類ADD的藥物使用與治療。

5. 邊緣系統型 ADD

　　這類型的ADD除了前額葉的活動過低而無法集中注意力外，同時還伴隨有深層邊緣系統過度活躍的現象，也因此除了具有ADD 的主要症狀外，同時伴隨有憂鬱的傾向。邊緣型 ADD 容易感到消極、情緒低落，或者是缺乏活力與興趣，常見的特徵包括：情緒低落、想法消極、經常生氣、不愛與人來往、經常感到絕望、無助或罪惡，以及睡眠習慣改變導致嗜睡或失眠等等。

6. 火環型 ADD

　　此類型幾乎是最嚴重的 ADD 類型，和典型 ADD 或渙散型ADD所呈現的前額葉區活動過低不同，而是整個大腦皮質幾乎處

於興奮難以抑制的狀態，尤其是在扣帶迴、頂葉、顳葉和前額葉皮質區都呈現過度活躍的狀態。火環型 ADD 除了特別容易分心外，對於周遭環境也相對較為敏感，並容易過度接收外界視覺和觸覺的訊息，常見的特徵包括脾氣很壞且具備攻擊性、容易有週期性的情緒低落、缺乏同理心、無法體諒他人、講話速度很快、多話、不斷出現想法、衝動思考，以及對於聽覺、視覺或觸覺等刺激特別敏感等等。

上述分類方式與一般常見的DSM診斷系統有所不同，屬於臨床上之個案分析，因此在使用上必須格外小心。Amen醫生提出的觀點，對於ADD/ADHD兒童的大腦活動或缺陷仍能提供明確的證據，同時可以作為未來教育和醫療介入之參考。

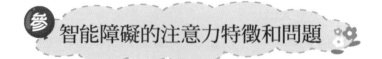

參 智能障礙的注意力特徵和問題

一般智能障礙（Intellectual Disability，簡稱 ID）兒童最大的問題在智力和適應行為上，其兩者表現皆較低於一般正常兒童。智力方面與其認知、學習能力有關，智力低下使得認知和學習緩慢。在智能障礙者的注意力表現上，呈現出注意力集中的時間較短、不易集中注意力，以及選擇性注意力較差（林惠芬，2006）；在影響學習時所呈現的結果則出現：課堂上做出無關的事情、妨礙上課秩序、短期的記憶出現缺陷（洪榮照，2000）、注意力廣度狹窄、無法處理較多的訊息、對於剛才呈現的學習訊息和刺激

容易遺忘等等。

在「魏氏兒童智力量表」的研究中，以四十三位中度智能障礙兒童為受試，結果發現，其智力分數與處理速度相比（$FIQ = 55.8$，$SD = 7.8$），智能障礙兒童在處理速度的分數表現上較高（$PSI = 70.2$，$SD = 11.1$）（陳榮華編譯，1997）。藉由上面的訊息來推論，智能障礙者也具有抗時間壓力特性的學習優勢（孟瑛如、陳麗如，2000）。反觀學習能力較佳的輕度智能障礙者，若能從注意力上加以訓練，減低其注意力的問題特徵，將有助於其學習效果。

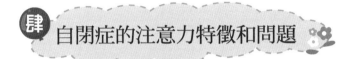

肆 自閉症的注意力特徵和問題

自閉症（Autism）是一類對社會互動與溝通有困難的障礙。國外常以廣泛性發展障礙（Pervasive Developmental Disorders，簡稱PDD）來統稱該類障礙。廣泛性發展障礙按照DSM-IV-TR的描述，還可以分為：自閉症、亞斯伯格症、雷特氏症（Rett's syndrome）、兒童期崩解性疾患（Childhood disintegrative disorder，簡稱 CDD），以及其他未註明之廣泛性發展障礙（Pervasive Developmental Disorder-Not Otherwise Specified，簡稱 PDD-NOS）。DSM-5 重新將廣泛性發展障礙命名為自閉症類群障礙（Autism Spectrum Disorder，簡稱ASD），並且不再分類亞型，而從障礙嚴重程度和所需的支持協助程度來進行劃分（APA, 2013）。

🌱 一、自閉症兒童的注意力特徵

國內在教育診斷上根據《身心障礙及資賦優異學生鑑定辦法》（教育部，2013）第十二條，對於自閉症的定義與標準如下：

> 本法第三條第十一款所稱自閉症，指因神經心理功能異常而顯現出溝通、社會互動、行為及興趣表現上有嚴重問題，致在學習及生活適應上有顯著困難者。
>
> 前項所定自閉症，其鑑定基準依下列各款規定：
> 一、顯著社會互動及溝通困難。
> 二、表現出固定而有限之行為模式及興趣。

如同學習障礙和 ADHD 兒童一樣，自閉症兒童也有注意力的問題（宋維村，2000），由於自閉症兒童對大部分的刺激反應微弱或沒有反應，因此常被認為注意力具有缺陷或是有注意力固執問題。目前已經有文獻及研究指出，自閉症兒童具有相互注意協調能力（joint attention）的缺陷（宋維村，1996；姜忠信、宋維村，2002；Charman et al., 1998; Dawson et al., 2004）。所謂相互注意協調能力，是一種複雜的能力表現，其中包含了反應型相互注意協調能力與自動型相互注意協調能力（黃鈺菁、鳳華，2007），例如：注視老師呈現的刺激、跟隨教師的指示做出反應等等，便是相互注意協調能力的表現。

二、自閉症兒童的注意力問題

　　要引起自閉症兒童去看和注意要教導的事物十分困難，自閉症兒童常常不會跟隨教導者的指示去注意該注意的事情，即使能注意，其注意的時間也極短暫。相對的，自閉症兒童卻常常對某些自己有興趣的刺激十分專注，甚至固執（宋維村，2000），因此過度選擇性或固執的注意力常會影響其學習，也導致他們和老師、同儕的互動出現困難。注意力的訓練應用在自閉症兒童的教學上，則可朝功能性和社會性方面做分類。楊宗仁（2003）曾針對提升自閉症兒童注意力之訓練，提出下列分類建議：

1. 社會性注意力：給予兒童適當的引導，讓他能注意到你或是所給予的刺激，例如：你叫他的名字，他會抬起頭看你。

2. 互動性注意力：兒童能反覆進行某些行為，維持與他人互動的注意力，例如：和其他小朋友輪流堆積木。

3. 要求他人的注意力：以非口語或是肢體的動作、手勢，向別人表達自己的需求，例如：孩童用手指著餅乾來表示他想要吃餅乾。

4. 分享式注意力：以非口語或是肢體的動作、手勢，與人分享感興趣的事物，例如：孩童用手指著自己拼好的積木，表示希望你能欣賞他的作品。

伍 亞斯伯格症的注意力特徵和問題

　　亞斯伯格症近年來廣泛受到重視與討論，目前在診斷的分類上，已由廣泛性發展障礙（PDD）的一類亞型（APA, 2000），重新定義為自閉症類群障礙（Autism Spectrum Disorder，簡稱 ASD），並且不再分類亞型。亞斯伯格症在 ASD 的診斷中可歸為輕度自閉症，或是作為社會性溝通障礙（Social Communication Disorder）之診斷（APA, 2013）。但亞斯伯格症特徵卻與典型自閉症略異，最主要的差別在於，亞斯伯格症兒童相較於典型自閉症兒童，在認知及語言發展上通常不會有發展遲緩的現象，尤其是在口語技巧的呈現並沒有困難，但在人際溝通上卻有著很大的問題。目前在國內的身心障礙及資賦優異學生鑑定標準中，並無特別針對亞斯伯格症提出診斷標準，因此在教育的鑑定上尚須依賴醫療體系的鑑別診斷，而醫療體系的診斷標準也仍以國外之 DSM-5 為主。

　　在注意力的表現上，亞斯伯格症兒童具有注意力缺陷的問題，常常被老師認為無法專注，但他們和一般注意力缺陷兒童出現的白日夢情形不同，亞斯伯格症兒童的不專注常因為對課程或活動沒有興趣，或是缺乏動機所致（何善欣譯，2005）。有趣的是，這些兒童並非對所有的學習都會出現注意力缺陷問題，而是對自己感興趣的主題或內容會十分專注，甚至過分專注而出現注意力固執的情形。

陸 教師可行的班級經營原則

　　注意力缺陷的問題可能出現在各個障礙類別中，以上所列舉的五類是資源班較常見的障礙類別。歸納上述，注意力缺陷所造成的問題不外乎：注意力廣度較窄、注意力層面較淺、注意力持續時間較短、注意力的轉移和區辨力較差、分心和不易專注等，都是注意力缺陷所衍生的問題。

　　針對注意力的問題，可以給予適當的輔導，幫助減輕其程度，以下列舉一些簡單的輔導原則，幫助教學者或家長改善學生注意力的問題（黃玫瑰、邱從益，2005）：

1. 以平常心看待注意力缺陷的問題，不要投以異樣眼光。
2. 給予結構化的教學環境和教材內容，降低受干擾程度。
3. 學習包容學生或孩子的問題，用溫和的態度和明確的訊息提供說明和指示。
4. 盡量提供視覺型教材，或給予較多視覺學習管道的機會。
5. 建立學生的偵察能力，以預測可能發生的問題，事先做防範。
6. 提供適當的增強物或刺激，提高學生的注意力和學習動機。
7. 任何給予學生的訊息必須明確，以抓住學生的注意力。
8. 建立自我學習，並培養責任感和為自己負責的態度。

　　孟瑛如（2013a）也認為，通常教室裡若有一、兩個過動學生，而教師又不知如何與這種學生互動的話，往往會造成教室裡

的秩序混亂，師生同感挫折。而注意力缺陷過動症與學習障礙又常有共病現象，使得資源班亦同感困擾。目前關於注意力缺陷過動症之治療主要分為四大面向：(1)藥物治療；(2)行為改變技術及正向管教；(3)固定運動習慣；(4)應用膳食療養。在教室與過動學生互動的過程中，若能掌握下列原則，通常能收到頗佳效果。

一、教室情境布置

1. 課桌椅盡量採取堅固、難以移動或弄翻的課桌椅。

2. 課桌椅上每次只呈現本次要教授的教材或活動所需的材料，使用完畢立刻收起，除了可保持神祕感，引起過動學生興趣外，亦避免其因玩弄各種教材教具而分心。

3. 教室中裝設地氈或吸音地毯，以減少噪音，但隔音教室非筆者所推薦。

4. 過動學生的座位安排宜盡量靠近教師，以掌握親近感及利用權威體造成身體壓迫感的原則。

5. 教室中應有隔離區，甚至可購置一張專為過動學生設計的隔離桌；其在桌子邊緣另有突起的三面木板，面對講台或教師的那一面木板可自由放下，不影響過動學生的上課學習，但在其須獨自學習或活動時，可將該面木板復原，如此過動學生形同在一封閉的小空間中工作，較不受其他分心因素影響，其過動行為也較不易影響他人。

6. 教室中應有情緒角，有一遠離其他活動區的情緒安撫角落。可購置一些抱枕、懶骨頭或填充玩具等以為布置，在過動學

生情緒不穩或出現暴力行為時，將其帶至情緒角談話，通常會有意想不到的良好效果。

二、教師與過動學生的課堂互動

(一)結構式上課法

結構式的授課法通常較適合過動學生，亦即每堂課的授課單元是環環相扣的，如此可減少其過動或分心機率。但在授課時可給予過動學生合法的活動機會，例如：到講台拿取及分發材料。

(二)保持教學流程之流暢

面對過動學生在上課時的過動行為，應盡量採用教師之身體矯正法或是正向語句引導法，以不打斷整個上課流程為原則，避免過動學生或其他兒童更分心，例如：過動學生在畫圖的過程中，還未完成即想離座，教師可用手輕按其坐下（過動學生通常會被安排在靠近教師的位置，因此採用身體矯正比較容易）或是很自然的詢問：「你畫完了嗎？老師看看！」以阻止其離座行為。採用身體矯正或是正向語句引導法，會比一般的事後補救（例如：待過動學生離座後再懲罰）或是負向語句引導法（例如：「你又想離座了，是嗎？」），更能增加整個課程的流暢度，亦可減少因其過動行為影響全班學習的情形。

(三) 善用行為改變技術

　　面對過動學生的偏差行為，盡量採用非懲罰性的行為改變技術，最終以其能學會自我控制的內化行為為原則。根據筆者經驗，在行為改變技術的原理中，對過動學生同時採用代幣法、忽視法、過度矯正法及隔離法，通常會收到頗為良好的效果，例如：在過動學生出現分心行為時，不去刻意提醒，只用正向語句引導；若其有專心或其他適當的上課行為時，加以讚美並輔以代幣制；若其有較嚴重的不良行為時，則宜採用過度矯正法（任何負增強必須與其過失行為相關），讓過動學生學會為自己的行為負責任；若其不良行為會影響其他同學，隔離法將是個很好的考慮方式。

(四) 身體親近與直敘句

　　在與過動學生談話時，教師宜盡量靠近過動學生，甚至可將一隻手扶在其肩膀上，以減少其過動行為顯現的機會，或是蹲下與其平視，兩手略扶住過動學生的臉，以保持其與教師之目光接觸，對其談話時盡量以正向之直敘句為主，明白說出教師的期望、看法與感受，避免採用負向句或是反問句（例如：「你覺得這樣做乖不乖呢？」），同時亦應避免過度的口頭讚美，過度的口頭化或聽覺刺激往往會對這類兒童造成干擾。

(五) 具體式的稱讚或責備

　　對一般性格上較衝動且邏輯思考力不佳的過動學生，太過廣

泛式的稱讚（例如：「你今天好乖！」）或是人格攻擊式的責備（例如：「老師怎麼會教到你這種孩子！」），除了讓他無法再重複良好行為或是充滿挫折感外，實質的幫助不大，若是能採用具體式的稱讚或責備，明確指出他對與錯的地方，通常收效便會大得多。

在具體稱讚部分宜注意下列四要點：(1)採用完整語句（亦即語句中含人、事、時、地、物五要素）；(2)即時原則；(3)採用當事人喜歡的稱讚方式；(4)善用其他情境，以增強讚賞。

而在具體責備部分，則宜注意下列七點：(1)使用完整句子，並說明欲取代的正確行為；(2)一次只責備一種行為；(3)當出現改善行為時，立即予以稱讚；(4)用堅定的口氣，並用身體語言加強表達，勿使用反問句或出現語氣與身體語言不符的情況（例如：一面責備一面笑）；(5)必須靠近孩子身旁；(6)不要忽視任何不良行為；(7)自己的情緒不要失控。

(六)等待的原則

所謂等待的原則包含兩部分：(1)有關老師的部分，在學習上要給予過動學生比較多的緩衝時間，突然抽離情境的方式反會加重其挫折感，例如：在完成作品時多給他一些時間，並於時間結束前予以提醒；又如：在戶外活動時間，提前提醒他還有兩分鐘便要進教室了，如此的方式會比一打鐘便馬上要他進教室好得多。(2)有關過動學生的部分，讓他學會等待，對其人際關係與學習上的衝動情形會有莫大的改善，例如：要他練習參與輪替性的遊戲，

學會等待及如何與友伴相處。平常在上課活動時，亦可善用此原則以訓練其先思而後行，或是先聽懂再反應的能力，例如：在畫圖課時，可先發下一張畫有各種圖畫的單子，然後給予類似下列的指導語：「注意聽，小明，我要你在一些圖樣旁打勾，現在先不要拿起筆，先等一下，並且注意聽，我要你勾哪個圖樣，你才勾那個圖樣，不要勾其他圖樣。等一下⋯⋯（停頓約三秒）。小明，請你拿起紅筆⋯⋯，等一下⋯⋯請在鴨子的圖樣旁打勾。很好⋯⋯，等一下⋯⋯現在拿起藍筆，在鹿的圖樣旁打勾。等一下⋯⋯請拿起綠筆⋯⋯」在兒童照著指令工作的過程中，便可訓練其等候與仔細聽指令的能力，進而減少其衝動的行為反應。偶爾當過動學生坐都坐不住時，亦可用定時器設定其在座位上的學習時間，先從兩分鐘開始，要其聽到鈴響才可離座，待其習慣坐在座位上，再逐次少量延長時間。

(七) 樸素原則

為了避免妨礙過動學生的學習活動，師生日常都應穿著樸素的衣服及鞋襪，並且盡量不戴佩飾，使其在學習過程，注意力能盡量固定在有關刺激上；同時教師應盡可能將容易分散過動學生學習注意力的刺激刪除。

以上是針對注意力缺陷過動學生的一些簡要應對輔導原則，同時也適用於具有注意力問題之學生。但要有效改善學生的注意力問題，還是必須從有效的教學與訓練做起。下個章節將介紹目前常見的注意力訓練相關理論和訓練方式。

CHAPTER 4

如何訓練注意力？
相關訓練理論之探討

　　影響注意力的因素十分複雜，但若能排除這些影響因素，則注意力的問題將獲得改善。心理學上認為影響個體注意力的因素有二（張春興，2000）：一為個體的動機或需求，另一個則是刺激本身的強度、變化或是獨特性。因此注意力訓練的目的，在排除影響注意力的外在因素，並適當引發個體的內在動機，使注意力問題的影響降到最低。以下將針對治療注意力缺陷的主要方式：行為理論治療、認知行為治療、飲食療法和心理治療等，做詳細的介紹，同時列舉國內之相關研究進行說明。

壹　行為理論的治療

　　運用行為理論來治療注意力異常的方式，除了一般常見的行

為訓練外，還有利用藥物的控制和感覺統合訓練等等相關的治療。
藥物的治療可能會給孩童帶來副作用，而感覺統合的實施需要器
材、場地和時間的配合，往往效果不彰（王乙婷、何美慧，
2003）。以下針對常見藥物治療、感覺統合治療和行為治療，做
相關介紹。

一、藥物治療

藥物運用在治療注意力缺陷上十分普遍，因為使用藥物能抑
制注意力缺失產生的症狀或行為。藥物治療對多數 ADHD 兒童的
核心症狀（注意力不良、過動和易衝動）具有明顯的治療效果；
國內多位學者認為，服用藥物有助於 ADHD 兒童在症狀行為上的
快速改善（孟瑛如、謝瓊慧，2012；洪儷瑜，1999；楊坤堂，
2000；劉昱志，2013）。

治療注意力的藥物以中樞神經興奮劑為主，例如：利他能
（Ritalin）。利用藥效刺激大腦中樞負責行為計畫和控制的區域，
增加部分的血液流通，藉此提振大腦中樞的注意力，讓孩童能更
加專注和穩定。目前已有許多科學研究顯示，興奮劑能對注意力
缺陷有短期的效果；研究中指出，約有 70%～90%的孩童在服用藥
物後，注意力缺陷的症狀獲得改善，而在紀律問題和不適當行為
上也有減少的情形（楊文麗、葉靜月譯，2005）。國內確診的
ADHD 在國小一年級就開始用藥者，占服用藥物者的 33.8%，其
服藥前後的行為有顯著改善（$p < .001$）（孟瑛如、謝瓊慧，2012）。

目前國內最常使用於治療 ADHD 的藥物，有屬於 Methylphenidate 類的利他能（Ritalin）、利長能、專思達（Concerta），以及屬於 Atomoxetine 類的思銳（Strattera）。上列幾種藥物皆屬於健保給付藥物，需要醫師處方才可取得（臺灣兒童青少年精神醫學會，2016）。

藥物可以緩和或改善注意力的問題行為，因此教育人員、心理學家、醫學界經常建議 ADHD 症狀嚴重影響生活或學習的兒童，應接受藥物治療（楊坤堂，1999）。然而不贊同藥物使用的學者認為，針對注意力問題運用藥物治療往往只有短暫效果，甚至只有服用藥物時才出現效果，治療效果在停止服藥後並無法持續，甚至會產生副作用（楊文麗、葉靜月譯，2005；劉瓊瑛譯，2002；Brown & Ievers, 1999）。

二、感覺統合治療

利用對身體各感官的刺激，如視覺、聽覺、平衡感、各種關節的位置感、協調性，促使神經系統能從這些感覺輸入中學習去組合與運用，使之能成熟的運用這些功能，達到神經系統成熟發育的目標。目前該治療在過動症方面的成效，尚待研究證明（劉昱志，2013）。

有些注意力缺陷孩童會伴隨有動作協調問題，因此有些人主張藉由訓練大小肌肉的靈敏度和協調度，來降低注意力缺陷的問題，提出可以實施肌肉運動的課程，或是進一步施予感覺統合治療。但後來的相關研究卻指出，感覺統合的治療效果對於改善注意力缺乏、衝動和過動並無多大助益，同時隨著個案年齡增長，

感覺統合治療的邊際效益會遞減（楊文麗、葉靜月譯，2005）。

　　但是，不論感覺統合或是肌肉運動訓練，對於有注意力缺陷的孩童並非毫無幫助，這些方法仍可增進注意力缺陷孩童的協調靈敏度，尤其是對於伴隨有知覺動作障礙者，效果更佳。

三、行為治療

(一) 環境觀點

　　目前對於 ADHD 注意力的治療上，普遍使用藥物作為抑制學生過動症狀的主要方法，但美國學者 Thomas Armstrong 在其著作《注意力欠缺症兒童的迷思：改善行為和注意力的 50 招》（*The Myth of the A.D.D. Child*）（劉瓊瑛譯，2002；Armstrong, 1997）中，卻提出不同的看法，其中對於 ADHD 的用藥方面持相反意見。該學者認為，ADHD 兒童不應從「醫學診斷」的觀點來做判斷，而應以「環境」的觀點來正視。他針對 ADHD 的含義，提出不同的觀點（劉瓊瑛譯，2002；Armstrong, 1997）：

1. ADHD 是一項現代社會文化的新發明。
2. ADHD 是一種社會崩解的症狀。
3. ADHD 是當今短暫注意力文化的一項產物。
4. ADHD 是對枯燥單調的課堂環境所產生的一種反應。
5. ADHD 的症狀是一種不同的學習方式。

　　從教育的層面來看，Armstrong（1997）認為 ADHD 的兒童本身並沒有異常，只是存在不同於一般大眾的思考、注意力表現和

行為模式。而在教師、父母或同儕眼裡的這些孩子，正因為其表現有別於一般（正常）的標準，與社會和教育環境的期待有出入，才顯得異常。Armstrong同時強調，ADHD兒童在本質上絕對是健康而完整的個體，而非患有精神或醫療疾患的病人。教育 ADHD 兒童並非只是給予一個醫學名詞或病名，再應用特殊治療的方法，而是應該要提供一套適合所有孩子的正向鼓勵和支持的教養策略。教育 ADHD 兒童並非僅限於單一方法（如藥物治療），而是應該廣泛採用不同領域——來自教育、認知、心理、行為、生物或文化層面的技術。

(二)行為治療

在行為治療理論中，注意力被視為是行為的一種表現。所代表的含義是將協議好、複雜的工作，有目標且持續的完成（楊文麗、葉靜月譯，2003）。注意力所表現出的行為包含了基本技巧、監控與執行能力和行動組織能力，因此注意力的缺失將對個體的行為表現產生不良的影響；也因此，有學者提出利用行為訓練的方式來改善注意力的問題，例如：使用立即性的增強回饋給予正向的示範，或是較為消極的隔離法（劉瓊瑛譯，2002；Armstrong, 1997）。

行為治療大都是使用行為改變的技術，藉由外在的刺激或力量來達成行為目標，但我們更期待孩童能達到自我改變和自我學習、管理的層面（王乙婷、何美慧，2003）。因此，認知學派融合行為學派的觀點，發展出認知行為的治療技術。

貳 認知行為學派的理論

　　認知行為學派包括不同的策略和技術，其中主要的三個理論分別是：Ellis 的理情治療法、Beck 的認知治療法，以及 Meichenbaum 的自我教導策略（修慧蘭、鄭玄藏、余振民、王淳弘譯，2016）。陳國泰（2018）指出，認知行為療法中的「自我調整策略」、「自我教導訓練」與「自我監督法」，對於 ADHD 學生的專注力及衝動控制具有一定效果，可供家長與教師教育介入時使用。自我教導策略具有下列的好處，包括：察覺思維不當、認知示範、外顯的外在引導、外顯的自我引導、漸褪的外顯自我引導、內隱的自我教導、輔導人員與當事人討論試用的狀況及效果等。

一、自我教導

　　Meichenbaum 的自我教導策略包含了連續自我暗示的語言，藉由這些想像的內在對話，來提示自己應對表現的行為或是達到的學習成效。在自我教導的過程中，包含了以下的內容（陳國泰，2018；修慧蘭等人譯，2016）：

　　1. 界定問題、陳述問題和解決方式。

　　2. 列出可能解決問題的有效方法。

　　3. 專注於工作，在每個工作步驟中提醒自己集中精神。

4. 選擇適當答案。

5. 達成目標即給予自我增強或獎勵，或尋求修正改進方法。

在自我教導策略的技巧中，有學者提出發展自我對話技巧，幫助訓練注意力集中。自我對話對於訓練注意力和行為是具有成效的策略，此種訓練有助於發展自我控制和反應的能力（Armstrong, 1997），例如：在孩童開始進行學習前，先要求他默唸「我會安靜的坐在椅子上」、「我要表現良好，才會得到獎勵」等這一類的指導語，可幫助其注意下一步該做到的事情。

此外，針對注意力缺陷過動症的行為介入，下列幾個步驟可以幫助找出問題和相對應的解決策略（臺灣兒童青少年精神醫學會，2016）：

1. 找出具體可操作的目標行為。

2. 找出舊有的不當行為，進行行為記錄與分析。

3. 協助移除執行行為矯治中會遇到的困難。

4. 建立代幣制度

二、心理學的方法

從神經心理學來看，要增進注意力或改善分心問題，必須讓個體對訊息或教學產生興趣或感到不無聊（洪蘭譯，2009）。因此針對活化大腦對注意力的敏銳度，可以使用以下方法來避免學生分心。

(一)一次呈現一項

大腦的注意力通常會集中在主要的一項作業或工作上，因此不要讓大腦有一心多用的情況。

(二)整體的意義和概念

瑣碎的細節會導致注意力的貧乏，容易使人遺忘或難以專注；提供整體的訊息意義和概念，會比記憶細節來得容易使人專心。

(三)喚起適當的情緒

情緒的因素會讓大腦的敏感度提升，容易專注在工作和訊息上。因此適當的喚起正向情緒會幫助大腦在學習時更專注，例如保持正向穩定的情緒有助於大腦專注處理訊息；而適度的緊張也會令大腦運作時敏感專注。

(四)間隔或分段的進行

大腦是需要休息的，持續的工作或專注必然會降低注意力的集中；可以每隔一小段時間即休息一下，或利用不同的活動方式呈現，以使大腦重新集中注意力。

🌷 三、學習策略運用

學習策略的使用乃由自我指導策略技巧加以應用延伸。學習策略的重點在指導兒童如何學習，所注重的是學習的方法和管道，

而不在於是否學會欲學習的課程內容。學習的策略可包含學習者監控和引導思考過程、自我詢問和組織思維、連結先前和既有的經驗或資訊、預測自己的學習結果，以及監控學習進度等等（楊坤堂，1995），讓兒童在學習歷程中保持一定的專注，有助於改善注意力問題。

　　學習策略的使用可應用在任何學科上，因為其所強調的是如何學習的方法。一般常見的學習策略有：自我詢問法、口語演練與回顧法、組織法、先前知識運用法、記憶策略法、預述與監控法、提前組織法、認知行為改變技術、示範法，以及自我監控法等（Lerner & Johns, 2012）。

四、注意力策略訓練

　　國外學者 Lerner 認為，修正教育方式可以改善學生注意力的不足，或是持續他們的注意力（Lerner & Johns, 2012）。Lerner 同時提到藉由訓練學生事前計畫、蒐集資料、工作步驟分析和記錄工作進度的方式，可以強化學生的注意力。教師在課堂教學中可採用的方法包括：

1. 縮短作業，或是減少作業分量。
2. 使學習活動趣味化，鼓勵學生同儕（小組）學習。
3. 增加學習活動的新鮮感與好奇心，改善學習環境的氣氛。
4. 改善學生傾聽的能力，給予簡單明瞭的訊息。
5. 改善組織技巧。

　　學者Smith（1994）也提出控制教學的三項因素來幫助學生改

善注意力,這些因素有:增進維持注意力的特定環境因素、增進維持注意力的工作因素,和實施維持注意力的教學方法。

教師的教學方法也會影響學生的注意力表現。若教師能直接教導學生學習策略或後設認知技巧,則能有效改善學生注意力問題。這些學習策略與技巧包含:口語中介法、自我引導法、自我監控法、自我記錄法,以及記憶力策略法等(楊坤堂,2000)。在實際的運用上,教師可以教導學生下列步驟(楊坤堂,2000):

1. 在不同情境下,把剛習得的新知識應用到實際問題上。

2. 使用適當的記憶技巧。

3. 配對記憶,而非單獨記憶零碎的學習內容,例如:單字。

4. 閱讀時主動探索文意。

5. 立即將剛學過的學習材料複述一次。

6. 定期複習。

7. 組織學習材料。

8. 教導學生自我記錄自己的學習結果或成績。

教導學生學習策略以達到自我學習的方式固然重要,但教師的教學影響也是一個重要變因。雖然注意力的訓練能使學生的注意力問題獲得改善,但學生對課堂知識的學習並不會達到自動化,因此教師的教學內容和方式也是注意力訓練中須考量的因素。

參 飲食療法和心理治療

　　早期的注意力研究中，曾探討飲食和心理方面的因素，因此在治療上也有飲食和心理方面的治療模式。飲食療法有幾種常見的模式，例如：芬格飲食療法、哈佛飲食療法等；心理治療則有精神分析和家族治療等不同的諮商取向，分為下面兩項說明。

一、飲食療法

　　飲食療法認為，我們的環境或飲食中某些人工添加物或化學物質，是造成注意力缺陷的主要因素。若能避免或移除這些造成注意力缺陷的物質，將能有效改善注意力的問題。國內林杰樑醫師（2013）曾指出，孩童過動及注意力不集中的因素，除了腦部先天的異常之外，另一項重大影響是與後天暴露在有毒或刺激物質環境相關，例如：環境中鉛含量過高也會引起孩童過動及注意力不集中；孩童食用含咖啡因較高的食物，如巧克力、可樂、茶、咖啡等，也會引起過動及注意力不集中。此外，人工添加的色素或防腐劑，不僅容易使兒童出現過動或不專注的情形，也容易加重過敏反應和腎臟負擔。國外的研究（McCann et al., 2007）發現，食品添加物會引起孩童的過動及注意力不集中。該項研究挑選 153 位三歲孩童及 144 位八到九歲的兒童作為參與者，研究結果指出，不管是三歲孩童或八到九歲的兒童，苯甲酸鹽（防腐劑）

及人工色素都會引起過動及注意力不集中。此外，針對藥物治療的過動兒童，避免人工色素和防腐劑，將能提高藥物的治療效果（Eigenmann & Haenggeli, 2007）。

　　國外所倡導的飲食治療法中，常見的芬格飲食療法和哈佛飲食療法，便是主張避免食物中的人工添加物。芬格飲食療法的提倡者 Ben Feingold 認為，食物中的某些成分會造成孩童過動、學習困難和行為問題，因此在飲食中必須避免含有天然或人工添加成分（如水楊酸）的食物。Hertha Hafer 所提倡的哈佛飲食療法則認為，食物中的磷酸鹽成分會造成孩童的躁動不安，因此應該避免有這種人工添加成分的食物（楊文麗、葉靜月譯，2005）。國內在飲食療法部分強調，應用膳食療養幫助改善注意力問題，減少高油高糖的刺激食物來源，同時多補充穩定情緒的營養素（有愛無礙，2014a）。另外也有中醫師（莊奇陵，2006）運用食療方式，針對過動問題提供藥膳飲食，主要訴求在限制高油、高糖與高脂肪的飲食，建議改以較清淡的食物來改善注意力與過動問題。

　　飲食療法的功效一直備受爭議，因為只有少數的個案實驗成功，故不宜成為治療注意力問題單一且主要的方法。飲食療法一般被認為實行不易，因為家長對於孩子的飲食管理不容易全程掌握，很難將某些物質成分完全摒除於日常生活之外，而實施飲食療法確實也對家庭造成一定程度的壓力和困擾。近年強調均衡營養對於穩定注意力缺失實有幫助，充足（但不是過度攝取）的蛋白質、鐵、鎂和鋅有助於注意力和行為控制，同樣，減少高糖高油高鈉的食品亦能減緩過動與注意力的問題（許晉福譯，2008）。

此外，針對因為季節變換或食物過敏所誘發的注意力或過動問題，飲食療法也是可行的方式之一。

二、心理治療

有研究指出，高達 25%的注意力缺陷症孩童患有焦慮問題，而有 75%的注意力缺陷症孩童容易出現心情鬱悶的症狀（劉瓊瑛譯，2002；Armstrong, 1997）。若使用心理治療的方式來治療注意力缺陷孩童的負面情緒，對其心理健康將有相當的助益。在心理動力治療中，能夠幫助孩童檢視具有負面影響的情緒衝突；而選擇家族系統治療，則需要孩子和家人一同參與。家族系統治療強調孩童本身的問題或症狀並不存在於個人的內在，而是大結構中的一部分（包含父母、祖父母和一些重要親戚）。家族系統治療的對象不只有孩子，同時也治療父母親及其他家族成員，藉由改善不良關係模式來達到較佳的發展（楊文麗、葉靜月譯，2005）。

心理治療雖然是一種選擇方式，但所需的時間較長，而父母需要一起投入治療過程，耗費的精神也較大，對於改善注意力問題的時效性相對較緩慢，因此仍然需要搭配其他治療方法才具有效率。但心理治療能協助孩童和家長坦誠面對問題，並改善家庭關係且得到心理上的支持，對於尋求專業協助的家長而言，仍具有相當的幫助。

肆 國內注意力訓練相關研究

　　近年來，對於身心障礙學生的注意力訓練相關研究十分常見，針對不同障礙類別所運用的介入策略或方法亦有所不同。針對 ADHD 學生的研究，常見的是運用自我指導策略來針對注意力缺陷兒童改善注意力（王乙婷、何美慧，2003；周台傑、林玉華，1996），也有不少研究採用身體運動方式來改善注意力（林素君、黃立婷、林春鳳，2011；陳志遠、李勝雄，2010；黃凱琳、劉美珠，2008），同時也有研究運用藝術活動方式進行注意力提升之訓練（李玲玉，2007；許芷菀、徐庭蘭，2009）。

　　針對資源班學習障礙學生注意力訓練的研究中，有研究者嘗試將注意力訓練融入閱讀理解教學當中（邱瑜萱，2003），同時也有運用藝術治療來增進學習障礙學生的專注力和自我概念（麥玉枝，2004），以及運用行為改變技術來改善學習障礙學生的課堂不專注行為（蔡文標，2002）。筆者曾就所發展之注意力教材進行教學研究，發現運用系統結構教材輔助注意力訓練，有助於提升國小學習障礙學生專心注意行為，同時也能提升正向的注意力表現（簡吟文、孟瑛如，2009）。同樣的，系統化教材運用在國小輕度智能障礙學生的訓練上，對於注意力表現也具有正向的提升效果（Chien, 2011）。

　　其他障礙研究部分，以智能障礙者為例，有研究嘗試用電腦

輔助教學的方式對智能障礙學生做注意力訓練（吳連滿，2002；廖新春，1984），同時也有運用音樂教學提升注意力表現（高秀玲，2012；鄧兆軒、陳淑瑜，2009），而運用功能性評量來提升注意力，亦是智能障礙學生注意力研究的取向之一（陳柏旬，2011；劉惠娜，2007）。另外針對自閉症部分，運用正向行為支持的策略來進行訓練介入（林慧芬、張瓊穗，2011），或是運用結構性教學來訓練自閉症兒童在互動時的注意力（江淑蓉、彭雅凌、姜忠信、林家慶，2012；黃鈺菁、鳳華，2007），都具有一定的顯著效果。

　　從上述的國內研究中可看出，注意力訓練的實施對於身心障礙學生確實具有顯著的提升效果，而在教學過程中融入注意力訓練，也成為近年來極受重視的研究主題。

　　筆者綜合上述的研究結果，針對資源班的教學設計一套有系統的注意力訓練教材，融合自我指導和學習策略的技巧和方式，作為教學研究之用，希望能為將來資源班注意力訓練的教學者提供一個方向。下一章將針對注意力的不同向度，提出可行的注意力教材編製與相關內容介紹。

CHAPTER 5

不一樣的注意力訓練教材

　　綜觀前述各章之探討，隨著年齡階段不同，注意力的「呈現模式」可能會跟著改變，例如：過動症的孩子長大後，過動的行為通常會減弱，但注意力不足的行為卻持續存在，呈現出所謂「認知步調遲緩」的現象，患者的大腦機能受到損害，時常昏昏欲睡、缺乏活力、易感疲憊和困惑、過度幻想或跳躍性思考，也就是過動症會讓人無法集中注意力。很多家長常抱怨或疑惑：「我的孩子怎麼可能有注意力缺陷過動症！他如果願意的話，可以玩上好幾個小時的網路遊戲耶！」事實上，根據研究，有些人的多巴胺和去甲基腎上腺素之神經傳導，低於正常強度，所以「集中」注意力會有些困難，但並非全然無法專心。是的！過動症患者當然有辦法專心，但不是每次都能辦得到，也不是每次都能長時間維持這樣的狀態，甚至專心的事情可能根本不對，尤其是對事情不感興趣，或是沒有內在動力驅動時，更是如此。尤其是對於亦與

學習障礙產生共病現象（APA, 2013）的注意力缺陷過動症學生而言，雖然其最主要的區別在於學業成就表現不佳，也就是注意力缺陷過動症學生在有注意力缺陷情況的問題下，未必會反映出學習特定核心學術技能的問題，但可能會反映在執行這些技能上的困難。相對而言，學習障礙學生可能會因為關鍵學術技能的持續學習困難而造成學業成就低落，致使產生沮喪情緒、缺乏興趣，或受限於有限的學習能力而出現注意力不集中的現象，但這種注意力不集中的現象可能絕大部分均出現在需要學習工作的場合，也就是未合併注意力缺陷過動症的學習障礙學生，其注意力不集中的現象並不會出現在學習工作之外的場合（APA, 2013）。

綜上所述，如何藉由注意力訓練提升個案在認知學習方面的注意力與執行力，以及能融入關鍵學術技能的學習內容，增加個案在學習工作場合關鍵學術技能的學習與執行能力，成為我們在呈現注意力訓練課程時最關注的焦點。

訓練注意力的集中和策略，將有助於提升學習的效果，尤其是針對發展認知學習的策略上，有系統的進行注意力訓練更能有效提升孩童學習的注意集中幅度。除了教導學生自我指導策略是一項訓練重點外，教師對教學的呈現、教材的編製和演示，也是訓練過程中極為重要的。鑑於目前缺乏有系統的訓練教材，因此我們發展注意力訓練學習教材，在設計教材上，除了考量歷程能力的訓練外（如注意、理解、推理等等），也必須兼顧學業課程的融入。注意力的訓練不應只是單獨的訓練課程，而必須融入課堂的學習當中，變成一種認知策略的發展學習。因此，本教材不

單只是訓練，更希望在訓練過程中，能幫助具有注意力問題的孩童發展出有用的學習策略能力。

壹 理論依據

德國心理學者 Gerhard W. Lauth 和 Peter F. Schlottke（1993）提出利用行為治療的方法來訓練 ADHD 兒童。其中所提出的訓練方案是經由三百名學習障礙和注意力缺陷兒童，加上家長和教育人員共同投入治療實驗所得的成果。該訓練方案將注意力訓練分成四類，以下扼要說明其訓練內容之分類（楊文麗、葉靜月譯，2003）。

一、基礎訓練

基礎訓練主要運用在對於訊息接收與處理有困難的兒童（約七到九歲）。訓練分成兩個部分：第一部分是基本能力的練習，第二部分是關於兒童自我掌控之練習。本階段之訓練目標有四項：(1)讓兒童知道注意力缺陷的相關知識；(2)練習基本能力，如仔細看、仔細聽、仔細描述等等；(3)學習延緩反應，練習如何思索考慮、檢查；(4)學習以語音的自我指導來控制自己的注意力行為。

二、技巧訓練

技巧訓練適合八到十二歲不擅長計畫且不懂得運用技巧的兒童，而這些孩子應該已經具備基本能力，且能夠獨自回應簡單的

要求。本階段的訓練適合已經完成基礎訓練的兒童，以及學習較弱的孩子。本階段之訓練目標如下：(1)在行動前，具體想像所定下之目標以及問題的重要特徵；(2)預先計畫行動，並以一個首要策略為行動依據；(3)練習自我指導，調整自己的學習行為；(4)運用自我指導和行動技巧，避免干擾、錯誤和挫折。

三、技巧的運用

在本階段，兒童需學習將注意力訓練的內容遷移並應用於課業學習上，讓兒童理解到技巧訓練和學校課業在結構上的相似性，同時將訓練中所運用的技巧融入課業學習中。本階段的重點並非在教授學業知識，而是讓兒童學習技巧和策略。本階段的目標在幫助兒童學習下列技巧：(1)積極接觸學習材料之技巧；(2)蒐集學習資訊的技巧；(3)記憶學習內容的技巧；(4)克服學習時所遇到的障礙之技巧；(5)解決問題或描述問題之技巧；(6)組織學習內容之技巧。

四、社會技巧

注意力缺陷兒童一般都具有社交能力的問題，他們往往忽略團體中的規範，容易出現反應過度、誤解他人意思並出現莽撞的行為。這些兒童在團體生活時，缺乏自我控制能力，在與同儕相處時易出現困擾。本階段的訓練內容主要在下面四方面：

1. 自我控制能力：降低激動的情緒和行為，同時學習如何穩定情緒。

2. 訊息的認知和處理：練習分析並判斷社會情境中所接收到的訊息，如肢體語言、臉部表情或情緒表現。

3. 社會技巧的掌握：學習如何能正向有效的處理問題，並且預測後果或避免衝突、問題發生。

4. 自我安全感與自信心之培養：藉由角色扮演過程適應不同的社會情境，同時建立持久性的社會關係。

貳 教材編製與架構

筆者參考上述德國學者（Lauth, 1998; Lauth & Schlottke, 1993）所提出注意力訓練方案之內容與分類，斟酌國內資源班教學實務運用之便利與可行性，使編製教材的分類和內容更能切合教師使用。

本教材設計依據兩個方向：以非語文和語文的注意力訓練作為設計重點。非語文的訓練即著重在空間圖形和推理思考的注意力，即教材中的基礎能力、進階能力兩部分；針對一般性的注意力作為訓練，利用觀察、追視、比較或尋找的方式，藉由若干的圖片、線條或圖形呈現。依據不同的訓練方式，在基礎能力和進階能力之下還可再細分若干部分，而各部分所訓練的注意力向度又各有所不同。

語文部分則針對學習所需之注意力做訓練，例如：文字、語詞、短句等等，即教材中語文訓練部分。語文部分的訓練則考量進行一般性訓練後，其訓練成效需加以類化遷移至學生一般的課

堂學習中,因此針對語文學習的需求,以字、詞、句的方式設計注意力訓練的相關內容。

　　教材內容在設計上可採行語文和非語文的概念設計,在分類上則可以進一步分為認知和學習兩大類(如表 5-1、圖 5-1 所

表 5-1 注意力訓練教材對應內容表

分類	向度	對應內容
認知相關注意力	選擇性注意力	尋找物品、尋找人物、圖畫選擇、圖形選擇
	區辨性注意力	圖片推理、同類歸納、圖畫偵錯
	持續性注意力	替換符號、尋找符號、迷宮路徑、接續圖形、仿畫圖形
學習相關注意力	語文性注意力	語詞歸類、書寫速度、語句偵錯、語句訊息
	推理性注意力	對稱圖形、文字變化、語文圖像概念

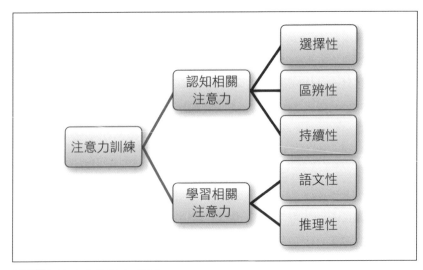

圖 5-1 注意力訓練架構圖

不一樣的注意力訓練教材　5

示）。和認知有關的注意力可包含選擇性、區辨性和持續性；和學習相關的注意力則可包含語文性和推理性兩類。

參 教材內容

有關注意力訓練學習教材中的各部分內容和不同注意力向度之應對關係，將在教材介紹中詳細說明。

一、認知相關注意力

(一) 選擇性注意力

1. 尋找物品（偵探遊戲）（如圖 5-2 所示）

尋找圖片中指定的線索，這些線索可能是圖片中的一部分，除了要找出要求的線索外，還必須正確的數算出線索的數量，例如：在圖片中尋找出蝴蝶或花朵，並數算出正確的數量。

2. 尋找人物（尋找亨利）（如圖 5-3 所示）

搜尋圖片中指定的笑臉圖案，和尋找物品不同的地方是，在這個遊戲中，干擾的刺激增加了。學生在過程中必須集中注意力才能找出要求的線索。

3. 圖畫選擇（尋寶遊戲）（如圖 5-4 所示）

利用觀察比較的方式，在排列整齊的圖片中尋找出不同的圖畫，藉以增進圖畫搜尋能力，要求找出和其他訊息相異的線索。

093

尋找物品 05

這是〔　　　〕的偵探遊戲，我會在　　月　　日完成它。

偵探遊戲 1-5

請你仔細的觀察下面的圖片，指出魚的位置，並數數你找到多少隻魚。

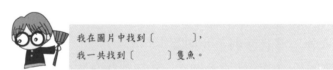

我在圖片中找到〔　　　　〕，

我一共找到〔　　　〕隻魚。

1.仔細聽指示，找出圖片中的答案。
2.想想看，你找的東西正確嗎？
3.再檢查一下，是不是都找到了。

我的表現 ☺ ☺ ☹
老師評語 ☺ ☺ ☹

圖 5-2 尋找物品教材範例

這是〔　　　〕的尋找遊戲，我會在　　月　　日完成它。

尋找亨利 3-3

亨利躲起來了！請你仔細觀察下面的圖片，並從圖片中，把所有的亨利找出來。

> 1.仔細觀察，亨利在哪裡？
> 2.數數看，你找到幾個亨利？

我的表現 ☺ ☹ ☹
老師評語 ☺ ☹ ☹

圖 5-3 尋找人物教材範例

談 注意力訓練

這是〔　　〕的尋寶遊戲，我會在　　月　　日完成它。

尋寶遊戲 1-8

下面有好幾個可愛的小丑玩偶，但有二個和其他玩偶的樣子不一樣，請你把它圈出來。

提示一：仔細看，哪一個形狀特別不一樣？
提示二：找到了嗎？指出來讓老師看看

我的表現 ☺ 😐 ☹
老師評語 ☺ 😐 ☹

圖 5-4 圖畫選擇教材範例

此部分的訓練也是針對學生的選擇性注意力來設計，讓學生能從許多干擾訊息中找到指定的刺激線索。

4. 圖形選擇（尋寶遊戲）（如圖 5-5 所示）

利用觀察比較的方式，在排列整齊的圖片中尋找出不同的圖形或符號，藉以增進搜尋的能力，要求找出和其他訊息相異的線索。此部分的訓練也是針對學生的選擇性注意力來設計，讓學生能在許多干擾訊息中找到指定的刺激線索。

(二) 區辨性注意力

1. 圖片推理（接龍遊戲）（如圖 5-6 所示）

此部分的題目前半部用圖片方式來呈現，後半部則使用符號來呈現。學生先觀察題目中所呈現的圖片或符號，然後思考應出現的排列方式。學生必須仔細觀察一開始出現的線索，教學者發現學生有困擾時，可以適時的給予解釋線索的內容，幫助學生進行思考，例如：在CKC□CK的排列中，其規則是CK的連續，因此□中的結果應該是 K。

2. 同類歸納（歸類遊戲）（如圖 5-7 所示）

此部分是由學生觀察題目給予的線索圖片，去歸納圖片中共同的特性，再從選項中選出相同特性的圖片，例如：線索圖片呈現出漢堡、熱狗、薯條和炸雞四種，這些圖片共同的特性是食物（或是可以吃的），所以在選項圖片——汽車、三明治和文具三者中，只能選擇三明治。此部分需要學生的注意力集中度，並配

圖形選擇 05

這是〔　　　〕的尋寶遊戲，我會在　　月　　日完成它。

尋寶遊戲 2-5

下面有好幾個圖形，但有一個圖形和其他的不一樣，請你找出來，並指給老師看。

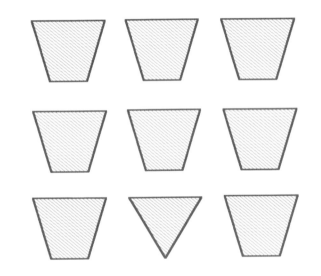

提示一：仔細看，哪一個形狀特別不一樣？
提示二：找到了嗎？指出來讓老師看看。
提示三：再檢查一次，有一個不一樣。

我的表現 ☺ ☺ ☹
老師評語 ☺ ☺ ☹

圖 5-5 圖形選擇教材範例

圖片推理 06

這是〔　　　〕的接龍遊戲，我會在　　月　　日完成它。

接龍遊戲1-6

請注意觀察題目圖片的排列方式，從提示的反應圖片中，找出適合放在□的圖片。

題目圖片

反應圖片

1.仔細想想題目圖片的排列方式。
2.找出一個最適當的答案圖片。
3.再檢查一次，是否是正確的答案圖片。

我的表現 ☺ ☺ ☹
老師評語 ☺ ☺ ☹

圖 5-6 圖片推理教材範例（圖片呈現訊息）

 這是〔 　　 〕的歸類遊戲，我會在　　月　　日完成它。

歸類遊戲 1-5

請注意觀察題目圖片的性質，從所提示的選擇圖片中，找出和題目圖片具有相同特性的圖片。

題目圖片

 選擇圖片

1.仔細想想題目圖片的特性是什麼。
2.找出一個相符合的答案圖片。
3.再檢查一次，是否是正確的答案圖片。

我的表現 ☺ ☺ ☹
老師評語 ☺ ☺ ☹

圖 5-7 同類歸納教材範例

合學生的推理思考能力，教學者可以根據題目圖片給予解釋，當學生選出答案時，也可以讓學生試著說明選擇的原因。

3. 圖畫偵錯（腦力遊戲）（如圖 5-8 所示）

藉由比較兩張相似的圖片，找出其中相異之處，圖片中可能含有一個或數個小圖片，學生必須仔細的注意兩張圖的樣子，例如：兩張圖片中的橘子圖案可能是左右相反的。

(三)持續性注意力

1. 替換符號（魔術遊戲）（如圖 5-9 所示）

此部分題目所呈現的將是一連串複雜的符號，由學生將符號轉換為有意義的數字代碼，可以藉此訓練學生的注意力廣度和選擇性注意力，例如：將※改為 1、&改為 2 的方式進行。這個部分除了需要專注力和搜尋能力外，處理速度能力亦是一項重要的訓練指標。如同下一部分的尋找符號練習，除了要求正確以外，亦要能在指定的時間內完成。

2. 尋找符號（尋找密碼）（如圖 5-10 所示）

此部分由題目提供一連串的複雜符號，再指定出特定的符號（遊戲中之密碼），由學生去尋找出來。此遊戲需要學生較高的專注力，所運用的是注意力集中度和選擇性注意力。因為題目提供的複雜符號將是一種視覺干擾，而學生也必須利用視覺搜尋的方式將指定的符號圈選出來。此外，這個遊戲亦可訓練學生的處理速度，藉由反覆的練習來增進學生搜尋和完成的速度。除了要

圖畫偵錯 04

這是〔　　　〕的腦力遊戲，我會在　　月　　日完成它。

腦力遊戲 2-4

請你仔細觀察下面兩張圖片，並從題目圖片中，找出和提示圖片不一樣的地方。

提示圖片　　　　　　　　　　　　題目圖片

1.聽從指示，觀察兩張圖片。
2.仔細比較一下，哪裡不一樣？
3.再檢查一下，是不是找對了。

我的表現　☺　☺　☹
老師評語　☺　☺　☹

圖 5-8 圖畫偵錯教材範例

這是〔　　　〕的魔術遊戲，我會在　　月　　日完成它。

魔術遊戲 4-4

按照變換提示的符號，將變換項目的符號做適度的修改。

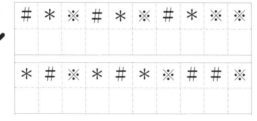

替換提示	#	＊	※	÷
↓	↓	↓	↓
1	**2**	**3**	**4**

作答項目

#	＊	※	#	＊	※	#	＊	※	※
＊	#	※	＊	#	＊	※	#	#	※

🕐我花了〔　〕分〔　〕秒完成

1.仔細觀察提示的替代項目。
2.按提示將題目逐一替換。
3.檢查一下，是不是都寫對了。

我的表現　☺　☺　☹
老師評語　☺　☺　☹

圖 5-9 替換符號教材範例

尋找符號 05

 這是〔　　〕的尋找遊戲，我會在　　月　　日完成它

尋找密碼 3-5

請根據提示的密碼符號，在方格中尋找出相同的，並將你找到的密碼符號圈起來。

尋找密碼：**✹✹**

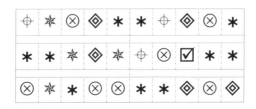

🕐 我花了〔　　〕分〔　　〕秒完成

1. 先指出提示的符號是什麼。
2. 從方格中逐一仔細的觀察。
3. 完成後再檢查一次，是否都圈對了。

我的表現 ☺ ☺ ☹
老師評語 ☺ ☺ ☹

圖 5-10 尋找符號教材範例

正確以外，同時也必須有效率的完成。

3. 迷宮路徑（迷宮遊戲）（如圖 5-11 所示）

　　由指定的入口走到指定的出口處，迷宮中有許多的岔路和障礙物，必須一邊用筆畫出，一邊觀察接下來的路徑。學生可能在這部分會有錯誤的反應，教師可以先讓學生仔細觀察後再進行。當學生出現錯誤時，教學者可以適時的給予提示和指導。

4. 接續圖形（描圖遊戲）（如圖 5-12 所示）

　　題目所提示的線索是破碎的線段，學生必須將破碎的線段一一連結成完整的線段或圖形。教學者不需要求學生的線段一定要畫得十分圓滑或是筆直，但必須按照提示的線段來完成。

5. 仿畫圖形（仿畫遊戲）（如圖 5-13 所示）

　　此部分和對稱圖畫一樣，需要注意力和空間概念來觀察題目的圖形。先依照題目所提供的方格，畫出相同的圖形，主要訓練學生的注意力集中度和注意力切換度。此項練習亦需要較高的空間推理概念，依照題目圖形的線段走向，畫在指定的範圍中。除了訓練學生畫得正確外，亦可要求學生的處理速度，例如要求在指定的時間內完成。

迷宮路徑 03

 這是〔　　　〕的迷宮遊戲，我會在　　月　　日完成它。

迷宮遊戲 1-3

小貓肚子餓了，請你幫牠找到最快的路，順利找到魚吃，記得由→的地方出發。

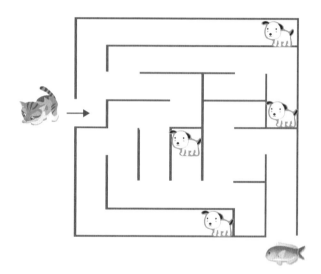

1.遇到 🐶 表示走錯了，快回頭！
2.記得順著路徑走，不可以穿牆。

| 我的表現 | ☺ | 😐 | ☹ |
| 老師評語 | ☺ | 😐 | ☹ |

圖 5-11 迷宮路徑教材範例

接續圖形 05

這是〔　　　〕的描圖遊戲，我會在　　月　　日完成它。

描圖遊戲 2-5

　　請遵照下面圖片中箭頭→的方向，將線段連起來，完成指定的圖形。

1.沿著指示的箭頭→向前畫。
2.將斷掉的線一一連起來。

我的表現　☺　☺　☹
老師評語　☺　☺　☹

圖 5-12 接續圖形教材範例

仿畫圖形 04

這是〔　　〕的仿畫遊戲，我會在　　月　　日完成它。●

仿畫遊戲 5-4

請觀察下面提示的線段圖形，將線段畫在下面的方格中。

提示圖形

我花了〔　〕分〔　〕秒完成

1.仔細觀察提示的線段圖形。
2.按提示畫在方格中。
3.檢查一下，是不是都畫對了。

我的表現 ☺ ☺ ☹
老師評語 ☺ ☺ ☹

圖 5-13 仿畫圖形教材範例

❦ 二、學習相關注意力

(一)語文性注意力

1. 語詞歸類（語詞遊戲）（如圖 5-14 所示）

　　這個部分的練習需要學生運用其對語詞的理解程度，再思考如何歸類語詞，主要訓練學生的選擇性注意力和注意力廣度。遊戲中會提供提示語詞，讓學生思索語詞中的共同特性或類別，再由選項中選出具有相同特性或類別的語詞，例如：提示語詞中出現跑步、游泳、跳高和跳遠，這四個語詞的相同處都是運動，因此學生必須在選項中選出具運動特性的語詞——體操，而不是睡覺、吃飯或寫字等一般活動。

　　學生在練習此部分時，若對閱讀語詞出現困難，教師可以將語詞讀給學生聽，再由學生作答；亦可以訓練學生說出語詞的特性，或是解釋語詞的意義，進行相關的說話訓練。當學生選錯答案時，教學者亦可以要求學生說明選擇的理由，藉以了解學生思考的問題所在。

2. 書寫速度（快寫遊戲）（如圖 5-15 所示）

　　此部分的內容是訓練學生的處理速度和注意力集中度。將過去練習的符號，轉化成文字書寫的形式，讓學生除了書寫正確外，同時也要在指定的時間內盡快完成。本部分書寫內容包含注音符號、國字、數字和高頻字，老師可以採用競賽方式進行，增加趣

語詞歸類 02

這是〔　　　〕的語詞遊戲，我會在　　月　　日完成它。

語詞遊戲 3-2

請讀一讀下面提示的語詞，想想看它們有什麼共同的特性，再從選項語詞中選出性質一樣的。

提示語詞

| 外套 | 裙子 | 褲子 | 背心 |

選項語詞

| 棉被 | 枕頭 | 毛衣 | 被單 |

1.仔細閱讀提示的語詞。
2.想想看，從選項裡選出一個。
3.不會的地方，趕快查字典。

我的表現 ☺ 😐 ☹
老師評語 ☺ 😐 ☹

圖 5-14 語詞歸類教材範例

書寫速度 03

這是〔　　〕的快寫遊戲，我會在　　月　　日完成它。

快寫遊戲 2-3

按照提示的文字，逐字仿寫在方格之中，寫得越快越好。看看你在限定的時間內，可以完成幾個字。

提示文字

的	一	是	不	在	有	人	以	了	為	中
大	這	上	時	年	可	我	個	來	他	會
出	國	也	生	到	字	作	能	自	用	要

我在3分鐘內完成（　　）個字

1.注意每個書寫的文字是什麼。
2.一個一個寫，不要跳字。

我的表現 ☺ ☹ ☹
老師評語 ☺ ☹ ☹

圖 5-15 書寫速度教材範例

味性。學生在練習的過程中,除了要能正確的完成書寫練習,在完成速度上也必須達到一定標準。

3. 語句偵錯(通順遊戲)(如圖 5-16 所示)

許多學生在造句時,容易出現累贅的字詞,導致書寫的文句不通順。因此這部分的練習正是由學生反覆朗讀題目中的文句,然後找出不通順的地方,藉由這樣的方式訓練學生的注意力切換度、注意力廣度和選擇性注意力。當學生找出文句中的贅詞、字後,可要求學生改成正確的文句,然後再朗讀一次,比較和修正前的異同,藉此過程可以讓學生書寫時更加流暢通順。

4. 語句訊息(聽力遊戲)(如圖 5-17 所示)

這一部分的遊戲在訓練學生專心聽完一個句子後,在題目中將聽到的正確語詞圈選出來,然後呈現出和老師所唸的相同句子,利用這樣的方式來訓練學生的選擇性注意力和注意力廣度。

題目中將某些關鍵的語詞做不同的呈現,但其中只有一項是正確的語詞,因此學生要很專注的聽完老師所唸的語句,才能完成正確的句子。若學生的程度較好,也可以由學生直接作答,將題目中的句子完整呈現出來,再比較不同關鍵字所組成的句子有什麼相異之處。

這是〔　　　〕的通順遊戲，我會在　　月　　日完成它。

通順遊戲 5-2

仔細閱讀提示的句子，找出其中錯誤或不通順的地方。訂正後再將正確的句子唸一次。

1. 昨天晚上下了一場好大的大雨。

2. 我忘記了寫昨天的回家作業功課。

3. 小名今天沒去學校上課學，原來就是感冒生病了。

1. 仔細讀過每一個句子。
2. 找出錯誤的地方並圈起來。

我的表現 ☺ ☹ ☹
老師評語 ☺ ☹ ☹

圖 5-16 語句偵錯教材範例

113

語句訊息 02

這是〔   〕的聽力遊戲，我會在   月   日完成它。

聽力遊戲 4-2

請仔細聽老師唸的句子，將你聽到的語詞塗上顏色，再自己讀一次。

樹上	牆上	車上	門上
掛著			
一個	一面	一朵	一隻
鏡子			

1. 仔細聽老師讀的句子。
2. 找一找聽到的語詞並指出來。
3. 自己讀一次，是否和老師一樣。

我的表現	☺	☺	☹
老師評語	☺	☺	☹

圖 5-17 語句訊息教材範例

(二)推理性注意力

1. 對稱圖形（對稱遊戲）（如圖 5-18 所示）

此部分所需要的除了注意力外，尚需要空間概念來完成對稱圖形，主要可以訓練學生注意力的切換度和集中度。遊戲所呈現的是左半邊的圖形，而學生必須依照遊戲中的對稱軸，將另外的右半邊畫出來。學生可觀察圖形的線段方向，再由對稱軸的反方向畫出左右相對的圖形。學生進行時若有困難，教學者可以利用鏡子反射的原理，告訴學生畫圖的要領。

2. 文字變化（文字遊戲）（如圖 5-19 所示）

此部分的訓練是將文字做上、下、左、右的顛倒後，讓學生觀察這些不同的顛倒文字，然後再書寫出正確的文字，訓練的重點在學生的選擇性注意力。若學生遇到困難，教師可以提示學生將學習單做適度的翻轉，學生即可看到正確的文字。

3. 語文圖像概念（概念遊戲）（如圖 5-20 所示）

此部分除了需要聽覺注意力外，尚需要空間概念來完成圖像概念，主要可以訓練學生注意力的切換度和集中度。遊戲所呈現的圖像描述，學生必須依照所接收到的聽覺訊息，選出正確呈現的圖像概念。當學生在進行時遇到困難，教學者可以利用學習步驟分析的方式，並逐條呈現訊息，告訴學生訊息重點及找尋圖像概念的要領。

孩子可以比你想得更專心
談 注意力訓練

 這是〔 　 〕的對稱遊戲，我會在　月　日完成它。

對稱遊戲 2-3

　　請利用方格中央的虛線為對稱軸，根據方格左邊的圖形，完成一個左右對稱的圖。

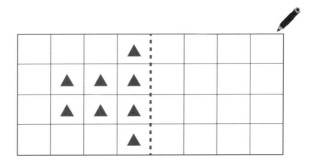

1.先找出對稱軸的位置。
2.仔細觀察方格左邊的圖形和位置。
3.完成後再檢查一次。

我的表現 ☺ ☺ ☹
老師評語 ☺ ☺ ☹

圖 5-18 對稱圖形教材範例

文字變化 05

 這是〔　　　〕的文字遊戲，我會在　　月　　日完成它。

文字遊戲 1-5

下面有一些字被寫顛倒了，請你觀察一下它們的變化，再寫出正確的字。

範例

練習題

1.仔細觀察提示的字形。
2.想想看，字該怎麼寫。
3.可以將字翻轉來看。

我的表現　☺　😐　☹
老師評語　☺　😐　☹

圖 5-19 文字變化教材範例

語文圖像概念 01

 這是〔　　　〕的概念遊戲，我會在　　　月　　　日完成它。

概念遊戲 3-1

仔細讀下面的句子，這些句子是一種提示。請根據句子的描述，試著找出符合句子描述的圖形。

示範例題

1. 正方形的右邊是一個三角形。
2. 三角形裡面有一個星星。
3. 正方形比三角形還大。

→ 選項圖形

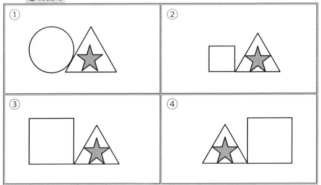

 依照提示句的敘述，你應該選擇的答案是③，只有這個選項能符合所有的敘述。

圖 5-20 語文圖像概念教材範例

肆 使用說明

🌷 一、適用對象

(一) 一般學生

　　一般學生可針對本教材的分類，選取認知或學習相關的注意力教材單元，作為學科學習輔助之用。同時，使用本教材後之結果，更可作為記錄學習的歷程檔案評量之參考。

(二) 特殊需求學生

　　對於有注意力問題的特殊需求學生，包括學習障礙、注意力缺陷過動症、智能障礙、自閉症等等，可根據其注意力缺陷的類型，選取不同向度的教材進行訓練，搭配學科學習使用。同時，使用本教材後之結果，更可作為前後測之結果記錄，評估訓練成效。

🌷 二、使用方式

　　本教材在使用上可依照不同需求，採用下列兩種訓練方式。

孩子可以比你想得更專心
談 注意力訓練

(一) 獨立訓練

　　亦即獨立的注意力訓練學習課程，訓練課堂的內容完全是針對注意力。教師可依學生程度選取適合教材部分，做團體的訓練課程。使用上可利用契約書的輔助訓練，建立有規則的獎懲制度，幫助孩童培養責任感並遵守課堂規定。為避免孩童因重複單調的訓練內容而出現厭煩的情況，教師在使用教材時可以搭配不同情境設計，或是加入團體遊戲，將有助於增加訓練時的趣味性，提升孩童的學習動機。

　　教師採用獨立訓練時，雖然可以深入加強孩童的注意力和集中效果，但由於課堂的內容全鎖定在注意力上，應考量孩童對學習成果的類化和遷移效應，因為基本歷程能力的訓練，對於學科學習的提升並未有明顯確切的研究證實（胡永崇，2000）。教師應了解孩童是否能有效的將學習成效運用在學科學習中，對於學習情境的安排和設計上應多加注意。

(二) 隨堂訓練

　　亦即配合學科學習的課程使用，在學生學習國語、數學等內容時，輔助注意力訓練。可以在課堂學習的前五至十分鐘，利用學生在接觸學習材料前，給予注意力訓練。因此教師給予的訓練教材不需太多，主要是讓孩童培養出注意力集中的方法，幫助他們在接下來的學科學習上能更集中精神和注意。例如：在上國語的生字前，可以先練習語文訓練中的文字偵錯部分，讓學生練習

觀察字的變化；或是在上數學圖形部分時，可以先練習進階能力中的對稱圖畫部分，讓學生熟悉空間圖形的概念和分布。

採用隨堂訓練雖然對學生的類化學習較有幫助，但對於學習效果的持續度就不若獨立學習來得持久，因為訓練的時間較短暫，且內容較為分散，往往容易將上一次的學習成果遺忘或是淡化，教師便需要一而再、再而三的訓練相同的內容。因此，如何讓學習成果有效持續，便是採用隨堂訓練的重點所在。

CHAPTER 6

從哪裡看到效果？
實施與應用研究

為使教材具有實證性與研究佐證，同時了解不同障礙類別間注意力的改善情形，筆者分別在 2007 與 2010 年，以注意力訓練教材進行單一受試研究，同時也得到顯著效果，可以作為日後教育與研究人員參考之用。

壹 學習障礙之注意力訓練研究

以下呈現之研究引用自簡吟文（2008）以及簡吟文與孟瑛如（2009）所發表的研究結果，以了解教材使用對改善國小學習障礙個案的注意力問題之成效，供教育與研究人員參考使用。

一、研究動機與目的

(一)研究動機

　　學生的注意力是可以被訓練的，藉由訓練注意力可幫助學生課堂學習。因此，如何讓學生在學習時，能將注意力專注在課堂學習內容上是很重要的，只有當學生集中注意力學習，才能顯現出學習成果；本研究的研究動機之一，是為了解將注意力訓練運用於學習障礙學生的學習上，是否也能夠具備相同的學習效果。

　　研究動機之二，在一般注意力訓練的研究中，僅就課堂教學進行注意力訓練，有利用電腦輔助教學作為注意力訓練媒介（吳連滿，2002；廖新春，1984），也有利用自我指導發展學習策略以提升注意力（王乙婷、何美慧，2003；周台傑、林玉華，1996；蔡文標，2002）。但上述有關的注意力研究中，並未發展出適用教材來輔助教師進行注意力訓練，因此研究者編製一套可於資源班課堂訓練用的教材（簡吟文、孟瑛如、邱佳寧，2005），希望藉由課堂教學的過程，達到注意力訓練的成效。

　　研究動機之三，研究者發現過去的注意力訓練相關研究中，大都以注意力缺陷過動症為主（王乙婷、何美慧，2003；周台傑、林玉華，1996；蔡文標，2002），但對於學習障礙學生的注意力問題和相關訓練，相對的比例較低；然而學習障礙學生也有注意力缺乏的問題（ADD），並且容易出現在學習中（孟瑛如，2006；陳榮華編譯，1997；Hallahan et al., 1985; Lerner & Johns,

2012; Sliver, 1990）。因此，研究者想了解學習障礙兒童是否也能藉由注意力訓練來提升其注意力，並且達到效果的遷移。

(二)研究目的

1. 探討自編注意力訓練教材在課堂訓練中，對國小學習障礙學生在課堂學習的專心注意行為之改變。
2. 探討利用自編注意力訓練教材於課堂訓練，對國小學習障礙學生在教材使用過程中的注意力之提升情形。
3. 探討利用自編注意力訓練教材於課堂訓練，對國小學習障礙學生發展自我監控策略與行為遷移的效果。

二、研究方法

(一)實驗設計

本研究是針對國民小學資源班學生，為能了解注意力訓練之介入對於受試學生在課堂學習時注意力改變之情形，因此本研究採用單一受試研究法中的「跨受試多基線設計」。

(二)實驗處理

1. 基線期

基線期階段資料的建立每週三次，本階段不進行任何介入教學，只進行學生課堂表現的資料蒐集。由研究者利用電腦視訊攝影的方式，觀察受試學生的課堂情形並記錄，然後根據觀察資料

整理出學生的注意力表現情形。觀察之課堂為學生每週至資源班進行補救教學之數學課,觀察時間為上課後的十分鐘及下課前的十分鐘,共計二十分鐘。

2. 介入期

介入期階段資料的建立每週三次,本時期加入實驗介入教學。由研究者於上課時,待學生都準時坐好後,方開始進行注意力訓練,訓練時間約為十分鐘,訓練後再繼續學生原本之學科學習。本階段仍須進行學生的注意力觀察記錄。本時期進行至受試者接受課堂行為觀察後,便開始著手自編注意力測驗,以了解學生在教學後注意力表現之情形。

3. 維持期

維持期階段資料的建立每週三次,本時期撤除實驗介入教學,不再對學生進行任何注意力訓練。課堂觀察方式和自編注意力施測方式,皆與介入期相同。在本時期主要欲了解受試者在接受注意力訓練後的效果維持情形,並由研究者對受試者之班級教師進行訪談。

(三)研究對象

1. 篩選標準

(1) 在「魏氏兒童智力量表」(第三版)(陳榮華編譯,1997)的全量表智商(FIQ)在負 1.5 個標準差以上,即智力商數在 78 以上。

(2) 在「魏氏兒童智力量表」（第三版）中的專心注意指數
（FDI）低於百分等級 25。

(3) 受試者在中文識字與閱讀理解之表現大於切截分數，顯示並
無識字與閱讀之問題。

符合上述條件，表示受試對象智力正常，但是在注意力表現
上低於一般正常水準，且經家長同意後，始為本研究學習障礙組
受試者。

2. 研究對象之測驗資料（如表 6-1 所示）

表 6-1 受試者的「魏氏兒童智力量表」（第三版）資料

受試者	年級	性別	WISC-III	
			FIQ / PR	FDI / PR
受試甲	五	男	91 / 27	85 / 16
受試乙	五	女	88 / 21	85 / 16
受試丙	五	男	85 / 16	88 / 21

三、研究結果歸納

針對上述各項測驗結果與資料，進行綜合結果分析與回顧，
將三位受試者在專心注意行為表現、自編注意力測驗表現、「多
向度注意力測驗」表現，與班級教師訪談問卷四項資料進行綜合
探討。由上述的內容可歸納出以下結論。

(一)注意力訓練對專心注意行為之效果

　　三位受試者在由研究者以自編注意力訓練教材進行注意訓練後，專心注意行為有明顯提升效果；而在相關研究中亦能發現相同的研究結果，注意力訓練不僅僅對國小 ADHD 學生的專注行為有提升效果（楊文麗、葉靜月譯，2003），同時對國小學習障礙學生在課堂時的專心注意行為亦有相同效果（孟瑛如、簡吟文、丁郁音，2006；邱瑜萱，2003；Hallahan, Lloyd, Kosiewicz, Kauffman, & Graves, 1979; Prater, Joy, Chilman, Temple, & Miller, 1991; Snider, 1987），由此可知，研究者以注意力訓練教材針對國小學習障礙進行注意力訓練，對於專心注意行為的表現具有提升效果（如圖 6-1、表 6-2 所示）。

(二)注意力訓練對注意力測驗表現之效果

　　而在自編注意力測驗與「多向度注意力測驗」的表現上，也說明注意力訓練的介入能提升受試者的注意力表現。利用前、後測評估注意力的研究中發現，學習障礙學生在注意力訓練前後的測驗結果也都有明顯進步（孟瑛如等人，2006；Hallahan et al., 1979）；同時，研究者也發現受試者在性別間亦會顯現不同的提升效果，但這項有趣發現，仍有待更進一步的研究探討。由此可知，研究者以注意力訓練教材針對國小學習障礙兒童進行注意力訓練，對於受試者在注意力測驗時的注意力表現也具有提升的效果（如圖 6-2、表 6-3 所示）。

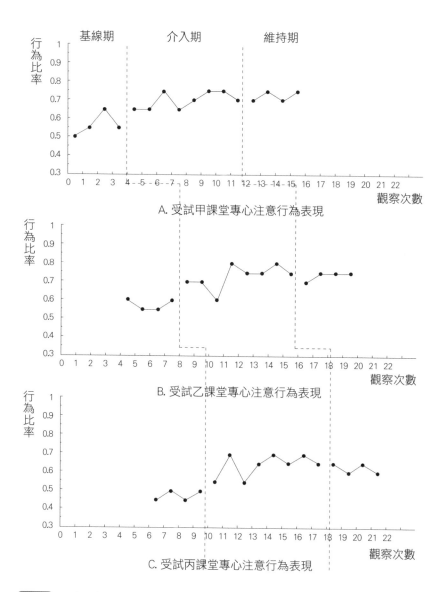

A. 受試甲課堂專心注意行為表現

B. 受試乙課堂專心注意行為表現

C. 受試丙課堂專心注意行為表現

圖 6-1 三位受試者課堂專心注意行為表現

表 6-2 受試者課堂專心注意行為之視覺分析摘要表（階段內）

受試者	甲			乙			丙		
依序階段	A／1	B／2	C／3	A／1	B／2	C／3	A／1	B／2	C／3
階段長度	4	8	4	4	8	4	4	8	4
趨向預估	↗ (+)	↗ (+)	→ (=)	→ (=)	↗ (+)	→ (=)	→ (=)	↗ (+)	→ (=)
趨向穩定性	.75 穩定	.88 穩定	1.00 穩定	1.00 穩定	.88 穩定	1.00 穩定	1.00 穩定	.75 穩定	1.00 穩定
平均值	.56	.70	.725	.575	.731	.738	.48	.644	.625
趨向路徑	↗ (+)	↗ (+)	→ (=)	→ (=)	↗ (+)	→ (=)	→ (=)	↗ (+)	→ (=)
水準穩定性	1.00 穩定	1.00 穩定	1.00 穩定	1.00 穩定	.88 穩定	1.00 穩定	1.00 穩定	.75 穩定	1.00 穩定
穩定範圍	.495--.625	.625--.775	.65--.80	.515--.635	.651--.811	.663--.813	.43--.53	.574--.714	.56--.69
水準變化	.50-.55 (+.05)	.65-.70 (+.05)	.70-.75 (+.05)	.60-.60 (+0)	.70-.75 (+.05)	.70-.75 (+.05)	.45-.50 (+.05)	.55-.65 (+.10)	.65-.60 (−.05)

（三）注意力訓練對自我指導、監控策略與行為遷移之效果

在問卷訪談的資料處理中，說明注意力訓練能提升受試者在課堂學習的專心行為，讓受試者在課堂學習時的表現更為穩定，同時也能讓受試者發展並適當運用自我指導與監控的注意力策略，在學習時更集中注意力。在以國小 ADHD 為研究對象的研究中，亦有相似的發現（王乙婷、何美慧，2003；周台傑、林玉華，1996），研究中說明受試學生在經過自我指導策略的注意力訓練後，專心行為和課堂表現都來得更加穩定；而國外以國小學習障

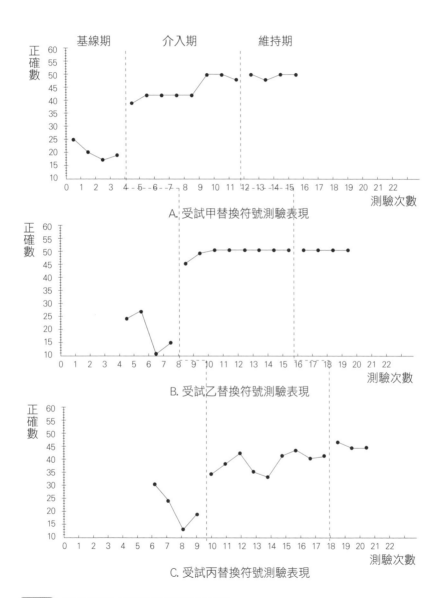

A. 受試甲替換符號測驗表現

B. 受試乙替換符號測驗表現

C. 受試丙替換符號測驗表現

圖 6-2 三位受試者替換符號測驗表現

表 6-3 受試者替換符號測驗之視覺分析摘要表（階段內）

受試者	甲			乙			丙		
依序階段	A / 1	B / 2	C / 3	A / 1	B / 2	C / 3	A / 1	B / 2	C / 3
階段長度	4	8	4	4	8	4	4	8	4
趨向預估	↘ (−)	↗ (+)	→ (=)	↘ (−)	→ (=)	→ (=)	↘ (−)	↗ (+)	→ (=)
趨向穩定性	1.00 穩定	.88 穩定	1.00 穩定	1.00 穩定	1.00 穩定	1.00 穩定	.50 多變	.75 穩定	1.00 穩定
平均值	20.25 (.41)	45.38 (.91)	49.5 (.99)	19.25 (.39)	49.25 (.99)	50 (1.0)	23 (.46)	38.25 (.77)	43.75 (.86)
趨向路徑	↘ (−)	↗ (+)	→ (=)	↘ (−)	→ (=)	→ (=)	↘ (−)	↗ (+)	→ (=)
水準穩定性	.75 穩定	.88 穩定	1.00 穩定	.00 多變	1.00 穩定	1.00 穩定	.25 多變	.75 穩定	1.00 穩定
水準範圍	17.75- -22.75	40.38- -50.38	44.5- -54.5	16.55- -21.95	44.25- -54.25	45.00- -55.00	20.00- -26.00	33.95- -42.55	39.15- -48.35
水準變化	25-19 (−6)	39-48 (+9)	50-50 (+0)	24-15 (−9)	45-50 (+5)	50-50 (+0)	30-19 (−11)	34-40 (+6)	41-44 (+3)

礙學童進行自我監控和注意力策略訓練的研究（Prater et al., 1991），也發現相同的結果，都和研究者的研究發現有相符合之處。由此可知，研究者以注意力訓練教材針對國小學習障礙兒童進行注意力訓練，對於注意力訓練的成效表現具有保持和遷移的效果，能讓學習障礙學生在班級表現更加穩定（如圖 6-3、表 6-4 所示）。

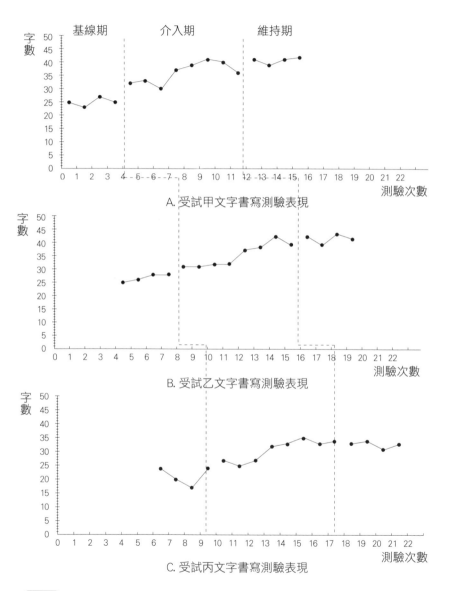

A. 受試甲文字書寫測驗表現

B. 受試乙文字書寫測驗表現

C. 受試丙文字書寫測驗表現

圖 6-3 三位受試者文字書寫測驗表現

表 6-4 受試者文字書寫測驗之視覺分析摘要表（階段內）

受試者	甲			乙			丙		
依序階段	A／1	B／2	C／3	A／1	B／2	C／3	A／1	B／2	C／3
階段長度	4	8	4	4	8	4	4	8	4
趨向預估	↗ (+)	↗ (+)	→ (=)	→ (=)	↗ (+)	→ (=)	↘ (−)	↗ (+)	→ (=)
趨向穩定性	1.00 穩定	.88 穩定	1.00 穩定	1.00 穩定	1.00 穩定	1.00 穩定	.50 多變	1.00 穩定	1.00 穩定
平均值	25 (.50)	36 (.72)	40.75 (.82)	26.75 (.54)	35.25 (.71)	41.25 (.83)	21.25 (.43)	30.75 (.62)	32.75 (.66)
趨向路徑	↗ (+)	↗ (+)	→ (=)	→ (=)	↗ (+)	→ (=)	↘ (−)	↗ (+)	→ (=)
水準穩定性	1.00 穩定	1.00 穩定	1.00 穩定	1.00 穩定	.88 穩定	1.00 穩定	.25 多變	.63 多變	1.00 穩定
穩定範圍	22.30- -27.7	31.90- -40.10	36.55- -44.95	23.95- -29.55	31.05- -39.45	36.95- -45.55	18.85- -23.65	27.25- -34.25	29.35- -36.15
水準變化	25-19 (−6)	32-36 (+4)	41-42 (+1)	25-28 (+3)	31-39 (+8)	42-41 (−1)	24-24 (+0)	27-34 (+7)	33-33 (+0)

(四) 注意力訓練對不同性別學生顯現之效果

　　研究者在研究結果分析中發現，不同性別之受試者在接受注意力訓練教材所進行之注意力訓練後，會顯現出不同的成效差異。前述兩個研究證明，注意力訓練同時對女性學童有效，然在本研究自編測驗研究成果中，更進一步發現女性受試者在專心注意行為、自編注意力測驗中的替換符號與文字書寫測驗中，皆得到較佳的訓練成效，此項發現和以三位國小女性學習障礙的注意力訓練研究（邱瑜萱，2003）具有相似之處，而在本研究的男性受試

者表現上，則以自編注意力測驗中的尋找符號和迷宮路徑兩項，顯現出較佳的表現。由上述描述可以發現，性別差異並不是決定注意力訓練成效之絕對因素，相反的，能讓不同性別學生在各自優勢領域中得到更好的成效；但這項發現仍有待更進一步的研究探討（如圖 6-4、表 6-5 所示）。

四、研究建議

根據研究結果討論及結論後，針對教學工作者及未來研究者，給予以下建議。

(一) 對教學者的建議

1. 將發展性元素融入學業性課程中

本研究所使用之教材，其內涵屬於發展性課程之一環，其中包括推理、符號、圖畫、幾何、空間、語文、理解等等不同元素，藉以進行注意力訓練。本研究證實，學習障礙兒童在接受注意力訓練後，其課堂學習的專心注意行為表現能有效提升；同時本研究也證實，在進行學科課程前進行注意力訓練，對於課堂學習時的專心注意行為表現效果是顯著的。因此，教學研究人員在進行學科教學前，可參考本研究的注意力訓練融入教學的方式，在學科（數學、國語）教學前先進行注意力訓練，除了可提升學習障礙學生的學習動機，並穩定其行為表現外，更有助於提升學習障礙學生在接下來學科學習時的專心注意行為表現，可同時兼顧發展性與學業性課程的訓練與課程。

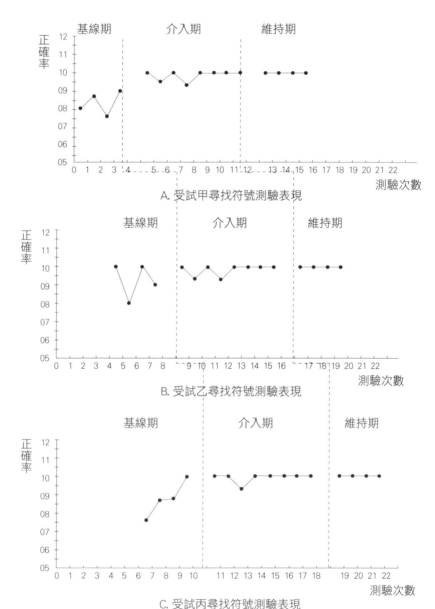

A. 受試甲尋找符號測驗表現

B. 受試乙尋找符號測驗表現

C. 受試丙尋找符號測驗表現

圖 6-4 三位受試者尋找符號測驗表現

表 6-5 受試者尋找符號測驗之視覺分析摘要表（階段內）

受試者	甲			乙			丙		
依序階段	A / 1	B / 2	C / 3	A / 1	B / 2	C / 3	A / 1	B / 2	C / 3
階段長度	4	8	4	4	8	4	4	8	4
趨向預估	→（=）	→（=）	→（=）	↗（+）	→（=）	→（=）	↗（+）	→（=）	→（=）
趨向穩定性	.75 穩定	1.00 穩定	1.00 穩定	.75 穩定	1.00 穩定	1.00 穩定	1.00 穩定	1.00 穩定	1.00 穩定
平均值	.83	.99	1.00	.93	.98	1.00	.88	.99	1.00
趨向路徑	→（=）	→（=）	→（=）	↗（+）	→（=）	→（=）	↗（+）	→（=）	→（=）
水準穩定性	1.00 穩定	1.00 穩定	1.00 穩定	.75 穩定	1.00 穩定	1.00 穩定	.50 多變	1.00 穩定	1.00 穩定
穩定範圍	.74-.92	.89-1.0	.9-1.0	.83-1.0	.88-1.0	.90-1.1	.78-.98	.89-1.0	.90-1.1
水準變化	.80-.90（+10%）	.80-.90（+10%）	1.0-1.0（+0%）	1.0-.90（-10%）	1.0-1.0（+0%）	1.0-1.0（+0%）	.76-1.0（+24%）	1.0-1.0（+0%）	1.0-1.0（+0%）

2. 針對不同向度之注意力問題進行適性化訓練

本研究所使用之注意力訓練教材，研究結果證實，能有效提升學習障礙學生在學習時的專心注意行為表現與測驗時的注意力表現，同時教材中不同的單元，如推理、符號、圖畫、幾何、空間、語文、理解等等內容，亦能讓學生在不同的注意向度中得到不同的效果。

針對學生不同的學習優弱勢，如語文、幾何空間等等，教學者亦能參考本研究教材中不同單元之學習單，針對學習障礙學生的個別需求進行不同向度的注意力訓練。研究者也建議，若學生

的優勢為語文學習優於作業操作時，可以利用本教材中基礎能力和進階能力兩部分的相關教材進行優先訓練，並輔助語文訓練以加強閱讀理解；若學生的優勢為作業操作學習能力優於語文時，則可利用本教材中的語文訓練教材進行優先訓練，並利用進階訓練部分輔助加深空間幾何概念。針對學生個別需求進行適性化的注意力訓練方式，將能使學習障礙學生的注意力表現更具效果（如圖 6-5、表 6-6 所示）。

3. 發展學生自我指導與監控的注意力策略

在本研究中指出，利用注意力訓練教材實施注意力訓練，能使學習障礙學生的注意力表現達到遷移效果，以及在普通班級中的學習行為表現更加穩定。同時研究者在研究過程中亦發現，在注意力訓練教材中的步驟化訓練和指導語，能使學習障礙學生在自我指導與自我監控的過程更具效果。因此，教學研究人員在進行訓練時，能參考本研究的訓練方式和訓練教材，配合教材學習單中的指導語和自我監控步驟，發展學生的注意力策略，有助於學習障礙學生注意力的提升和課堂學習行為表現的穩定，而學習障礙學生在普通班級的學習行為也將更加穩定。

(二)對未來相關研究的建議

1. 研究對象

(1) 比較樣本障礙類別差異

本研究之研究對象僅針對三位五年級學習障礙學生，故研究

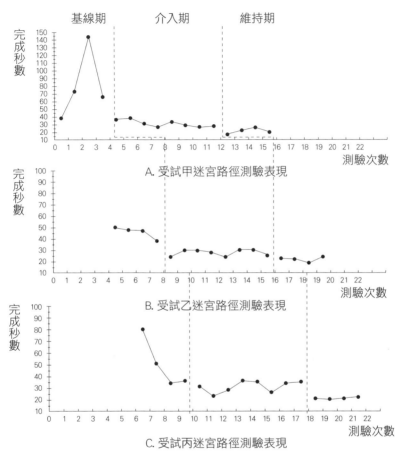

圖 6-5 三位受試者迷宮路徑測驗表現

結果推論有限，未來可採實驗法或準實驗研究法進行大樣本的研究，或可針對不同年級學生，或可擴及其他類別特殊兒童，例如輕度智能障礙或注意力缺陷過動症兒童，以了解不同年級學生及不同障礙類別學生的注意力訓練成效。另外，亦可藉此建立並比較不同年級及不同障礙類別學生在專心注意行為表現上的資料。

表 6-6 受試者迷宮路徑測驗之視覺分析摘要表（階段內）

受試者	甲			乙			丙		
依序階段	A / 1	B / 2	C / 3	A / 1	B / 2	C / 3	A / 1	B / 2	C / 3
階段長度	4	12	4	4	12	4	4	12	4
趨向預估	↘ (−)	↗ (+)	→ (=)	↗ (+)	→ (=)	→ (=)	↗ (+)	↘ (−)	→ (=)
趨向穩定性	.25 多變	.88 穩定	.75 穩定	1.00 穩定	1.00 穩定	1.00 穩定	.75 穩定	.75 穩定	.75 穩定
平均值	80.5	31.25	21.25	45.75	27.63	22	50.25	31	21
趨向路徑	↘ (−)	↗ (+)	→ (=)	↗ (+)	→ (=)	→ (=)	↗ (+)	↘ (−)	→ (=)
水準穩定性	.50 多變	.75 穩定	.50 多變	.75 穩定	.75 穩定	.75 穩定	.25 多變	.38 多變	1.00 穩定
穩定範圍	94-66	35-27	23-19	50-40	30-24	24-20	58-42	34-28	23-19
水準變化	38-66 (+28)	36-28 (−8)	17-20 (+3)	50-38 (−12)	24-25 (+1)	23-24 (+1)	80-36 (−44)	31-35 (+4)	21-22 (+1)

(2) 比較樣本性別差異

　　本研究之研究對象僅針對三位五年級學習障礙學生，其中兩位受試者為男性學童、一位受試者為女性學童。雖然在研究結論中得出，不同性別在進行自編注意力測驗時的注意力表現之差異，但礙於樣本數過少，在推論上不夠嚴謹，建議未來研究中除了擴大樣本數，並可針對不同性別進行分析比較。

(3) 比較樣本年齡差異與成熟因素

　　本研究之研究對象僅針對三位五年級學習障礙學生，所得之

結論也僅能適用於約十歲左右之學習障礙兒童，對於受試者在不同向度之注意力表現及性別差異之比較，是否在不同年齡層之受試樣本也具有類似狀況，則有待進一步研究；此外，對於樣本成熟因素是否影響受試者在不同向度之注意力表現，也是未來研究中值得再探討的地方。

2. 研究實施

　　由本研究可知，注意力訓練融入課堂學習時，能提升學生的專心注意行為，並提高注意力的表現，因此將注意力訓練的過程融入學科教學中，確實能提高學生學習時的注意力，且增進學科的學習成效。因此建議，未來研究可將注意力訓練融入語文科的聽覺理解能力或識字教學，亦可融入在其他科別，如英文課或社會課等進行研究，以了解注意力訓練融入不同教學及科別時，學生注意力表現之情形。

貳　輕度智能障礙之注意力訓練研究

　　以下呈現之研究引用自 Chien（2011）所發表之結果，以了解教材使用對改善國小輕度智能障礙個案的注意力問題之成效，供教育與研究人員參考使用。

一、研究背景與動機

　　智能障礙是異質性相當大的團體，其個體間的差異十分明顯。有關智能障礙的研究，不論是在認知、學習、訓練、服務或支持等等方面，都是十分常見的主題。在臺灣地區已有針對智能障礙學生進行的注意力方面之研究，包括運用電腦輔助科技、行為改變技術等等，但專門針對輕度智能障礙學生於課堂學習時融入注意力訓練，卻仍屬少數。因此本研究主要目的在於利用自行發展之注意力訓練教材，針對輕度智能障礙學生進行課堂訓練，藉以理解注意力訓練是否有助於輕度智能障礙學生的學習。以下針對智能障礙者的學習與注意力特徵，進行概略的描述。

(一) 智能障礙的學習問題

　　一般智能障礙兒童最大的問題在智力和適應行為上，其兩者表現皆較一般正常兒童低。智力方面與其認知、學習能力有關，智力低下使得認知和學習上較為緩慢，以輕度智能障礙者來說，其心理年齡上限大概是正常人心智年齡的九到十二歲。有關智能障礙者的學習特徵，大概會在下列幾個方面出現困難（林惠芬，2006）：注意力、學習策略、記憶力、遷移類化能力和抽象思考能力。上述幾點是對於認知發展與學習十分重要的關鍵，因此智能障礙者在學習上便會出現若干的限制與困難。

(二) 智能障礙的注意力特徵

在智能障礙者注意力的表現上，呈現出注意力集中的時間較短、不易集中注意力，以及選擇性注意力較差（林惠芬，2006），在影響學習時所呈現的結果，則出現：課堂上做出無關的事情、妨礙上課秩序、短期的記憶出現缺陷（洪榮照，2000）、注意廣度狹窄，無法處理較多的訊息、對於剛呈現的學習訊息和刺激容易遺忘等等。

在「魏氏兒童智力量表」（第四版）（WISC-IV）指導手冊中的相關研究當中，以四十三位中度智能障礙兒童為受試，結果發現，與其智力分數相比，智能障礙兒童在處理速度上分數表現較高（陳榮華編譯，1997），藉由上面的訊息來推論，智能障礙者也具有學習上的優勢（孟瑛如、陳麗如，2000）。反觀學智能力較佳的輕度智能障礙者，若能從注意力上加以訓練，減低其注意力的問題特徵，將有助於其學習的效果。在 WISC-IV 中指出，輕度或中度智能障礙兒童在處理速度上，比語文理解和知覺組織來得高（陳榮華、陳心怡，2007）。儘管其處理速度和工作記憶與其他因素相比非明顯弱勢，但卻仍遠低於一般兒童，可見其注意力表現亦低於一般兒童。

二、研究方法

本研究旨在利用社會技巧訓練教材，針對輕度智能障礙學生進行注意力訓練，並了解在課堂學習時注意力改善之成效。研究

方法採用單一受試實驗模式中的「跨受試者多基線設計」。

(一)實驗處理

1. 基線期

　　基線期階段資料的建立每週兩次，本階段不進行任何介入教學，只進行學生注意力表現的資料蒐集。由研究者利用自編注意力測驗，並且實施不同的複本組合，了解學生的測驗表現情形。本時期在第一週利用「多向度注意力測驗」針對三位受試者進行前測，了解受試者在注意力表現的起點能力。

2. 介入期

　　介入期階段資料的建立每週三次，本時期加入實驗介入教學。由研究者於上課時，待學生都準時坐好後，方開始進行注意力訓練。訓練時間約為十分鐘，訓練後再繼續學生原本之學科學習，並於下課前五分鐘再以自編注意力測驗了解學生在訓練後維持注意力的表現。

3. 維持期

　　維持期階段資料的建立每週兩次，本時期撤除實驗介入教學，不再對學生進行任何訓練。自編注意力測驗施測方式與介入期相同。本時期主要在了解受試者接受注意力訓練後的效果維持情形。

(二)研究對象

1. 篩選標準

(1) 在「魏氏兒童智力量表」（第三版）（陳榮華編譯，1997）
的全量表智商（FIQ）在負兩個標準差到負三個標準差之
間，即智力商數在 69 到 55 之間。另在測驗組型分析尚須具
備智能障礙特徵，以符合本研究受試者之篩選。

(2) 具有社會局核發之智能障礙手冊，障礙程度屬輕度。

(3) 在適應行為量表之表現有兩項領域以上出現限制或困難。

符合上述條件中的第(1)項或第(2)項，並同時符合第(3)項條
件，表示受試對象屬輕度智能障礙，且在社會適應能力有若干程
度上之困難。再經過與家長聯繫，說明研究過程並得到家長同意
後，始為本研究之受試者。

2. 研究對象之資料

以下將三位研究對象之資料陳述於表 6-7。

表 6-7 研究參與者之資料

參與者	年級	性別	障礙程度	身障手冊
A	5	男	輕度	✓
B	5	男	輕度	✓
C	5	男	輕度	✓

三、研究結果歸納

(一) 尋找符號之表現（如圖 6-6、表 6-8、表 6-9 所示）

1. 參與者 A

　　根據階段內的變化來看，在基線期的趨向呈現穩定（1.00），在測驗表現平均數為 54%，趨向路徑顯示為正向提升，而水準的變化從 43% 到 62%（增加 19%）。在介入期的表現上，趨向呈現穩定（.75），測驗表現平均數為 84%，趨向路徑顯示為正向提升，水平變化從 67% 到 100%（增加 33%）；根據階段間的變化來看，表現的趨向效果是正向的，趨向穩定效果顯示由穩定到穩定，水準變化由 62% 到 67%（增加 5%），重疊百分比為 0%，而在 C 統計的 Z 值為 2.81，顯示達顯著差異（$p < .01$）。

　　從上述的數據資料分析參與者 A 在尋找符號測驗表現，注意力訓練有助於提升該生的注意力表現，且注意力訓練的介入對於注意力表現有立即提升的效果。

2. 參與者 B

　　根據階段內的變化來看，在基線期的趨向呈現穩定（.83），在測驗表現平均數為 83%，趨向路徑顯示為平行穩定，而水準的變化從 63% 到 90%（增加 27%）。在介入期的表現上，趨向呈現穩定（.92），測驗表現平均數為 99%，趨向路徑顯示為平行穩定，水準變化從 100% 到 100%（增加 0%）；根據階段間的變化

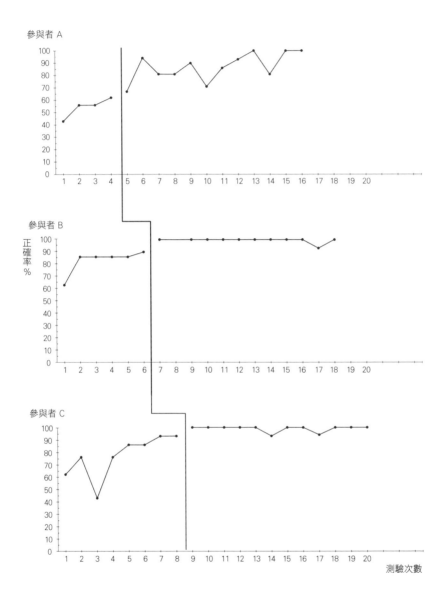

圖 6-6 三位參與者在尋找符號測驗之表現

表 6-8 參與者尋找符號測驗之視覺分析摘要表（階段內）

參與者	A		B		C	
階段	基線	介入	基線	介入	基線	介入
趨向預估	=	+	=	+	=	+
趨向穩定	1.00*	.75*	.83*	.92*	.75*	.83*
平均 (%)	54	84	83	99	77	99
趨向路徑	↗ (+)	↗ (+)	→ (=)	→ (=)	↗ (+)	→ (=)
水準穩定	.75*	.42	.67	.92*	.25	.92*
水準範圍 (%)	43~62	67~100	63~90	93~100	43~86	93~100
水準變化 (%)	62-43 (+19)	100-67 (+33)	90-63 (+27)	100-100 (+0)	86-62 (+24)	100-100 (+0)

表 6-9 參與者尋找符號測驗之視覺分析摘要表（階段間）

參與者	A		B		C	
階段比較	基線／介入		基線／介入		基線／介入	
路徑變化	↗ (+)	↗ (+)	→ (=)	→ (=)	↗ (+)	→ (=)
趨向效果	正向		正向		正向	
趨向穩定	穩定到穩定		穩定到穩定		穩定到穩定	
水準變化 (%)	62~67 (+5)		90~93 (+3)		86~93 (+7)	
重疊比率	0%		0%		8%	
C 值	0.73		0.91		0.87	
Z 值	2.81**		3.70**		3.81**	

P^*：穩定，P^{n*}：變化
+：正向，－：負向，=：無方向
Z^*: $P < .05$, Z^{**}: $P < .01$

來看，表現的趨向效果是正向的，趨向穩定效果顯示由穩定到穩定，水準變化由 90%到 93%（增加 3%），重疊百分比為 0%，而在 C 統計的 Z 值為 3.7，顯示達顯著差異（$p < .01$）。

　　從上述的數據資料分析參與者 B 在尋找符號測驗表現，注意力訓練有助於提升該生的注意力表現，且注意力訓練的介入對於注意力表現有立即提升的效果。

3. 參與者 C

　　根據階段內的變化來看，在基線期的趨向呈現穩定（.75），在測驗表現平均數為 77%，趨向路徑顯示為正向提升，而水準的變化從 62%到 86%（增加 24%）。在介入期的表現上，趨向呈現穩定（.83），測驗表現平均數為 99%，趨向路徑顯示為平行穩定，水準變化從 100%到 100%（增加 0%）；根據階段間的變化來看，表現的趨向效果是正向的，趨向穩定效果顯示由穩定到穩定，水準變化由 86%到 93%（增加 7%），重疊百分比為 8%，而在 C 統計的 Z 值為 3.81，顯示達顯著差異（$p < .01$）。

　　從上述的數據資料分析參與者 C 在尋找符號測驗表現，注意力訓練有助於提升該生的注意力表現，且注意力訓練的介入對於注意力表現有立即提升的效果。

(二)文字書寫之表現（如圖 6-7、表 6-10、表 6-11 所示）

1. 參與者 A

　　根據階段內的變化來看，在基線期的趨向呈現穩定（1.00），

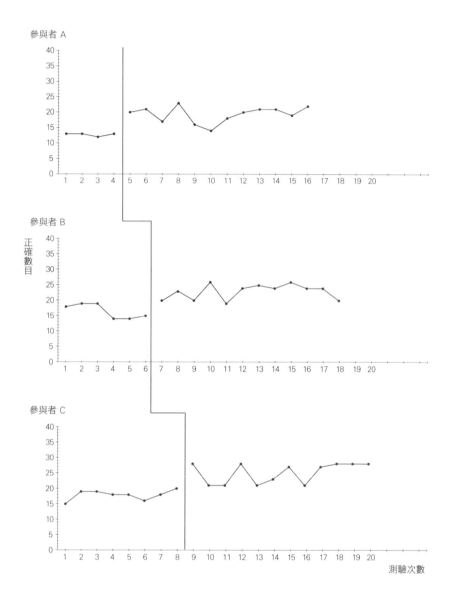

圖 6-7 三位參與者在文字書寫測驗之表現

表 6-10 參與者文字書寫測驗之視覺分析摘要表（階段內）

參與者	A		B		C	
階段	基線	介入	基線	介入	基線	介入
趨向預估	=	+	=	+	=	+
趨向穩定	1.00*	.83*	1.00*	.92*	.75*	.83*
平均	12.75	19.3	16.7	22.9	17.8	25.1
趨向路徑	→ (=)	→ (=)	↘ (−)	↗ (+)	↗ (+)	↗ (+)
水準穩定	1.00*	.67	1.00*	.92*	.88*	.25
水準範圍	12~13	23~14	19~14	26~19	20~15	28~21
水準變化	13-13 (+0)	22-20 (+2)	15-18 (-3)	20-20 (+0)	20-15 (+5)	28-28 (+0)

表 6-11 參與者文字書寫測驗之視覺分析摘要表（階段間）

參與者	A		B		C	
階段比較	基線／介入		基線／介入		基線／介入	
路徑變化	→ (=)	→ (=)	↘ (−)	↗ (+)	↗ (+)	↗ (+)
趨向效果	正向		正向		正向	
趨向穩定	穩定到變化		穩定到穩定		穩定到變化	
水準變化	13~20 (+7)		19~26 (+7)		20~28 (+8)	
重疊比率	0%		17%		0%	
C 值	.54		.72		.78	
Z 值	2.09*		2.94**		3.42**	

P^*：穩定，P^{n*}：變化
+：正向，−：負向，=：無方向
Z^*: $P < .05$, Z^{**}: $P < .01$.

在測驗表現平均數為 12.75 字，趨向路徑顯示為平行穩定，而水準的變化從 13 字到 13 字（增加 0）。在介入期的表現上，趨向呈現穩定（.83），測驗表現平均數為 19.3 字，趨向路徑顯示為平行穩定，水準變化從 20 字到 22 字 （增加 2）；根據階段間的變化來看，表現的趨向效果是正向的，趨向穩定效果顯示由穩定到變化，水準變化由 13 字到 20 字（增加 7），重疊百分比為 0%，而在 C 統計的 Z 值為 2.09，顯示達顯著差異（$p < .05$）。

從上述的數據資料分析參與者 A 在文字書寫測驗表現，可以發現注意力訓練有助於提升該生文字書寫時的注意力表現，且注意力訓練的介入對於注意力表現有立即提升的效果。

2. 參與者 B

根據階段內的變化來看，在基線期的趨向呈現穩定（1.00），在測驗表現平均數為 16.7 字，趨向路徑顯示為負向降低，而水準的變化從 15 字到 18 字（增加 3）。在介入期的表現上，趨向呈現穩定（.92），測驗表現平均數為 22.9 字，趨向路徑顯示為正向提升，水準變化從 20 字到 20 字 （增加 0）；根據階段間的變化來看，表現的趨向效果是正向的，趨向穩定效果顯示由穩定到穩定，水準變化由 19 字到 26 字（增加 7），重疊百分比為 17%，而在 C 統計的 Z 值為 2.94，顯示達顯著差異（$p < .01$）。

從上述的數據資料分析參與者 B 在文字書寫測驗表現，可以發現注意力訓練有助於提升該生文字書寫時的注意力表現，且有立即提升的效果。

3. 參與者 C

根據階段內的變化來看，在基線期的趨向呈現穩定（.75），在測驗表現平均數為 17.8 字，趨向路徑顯示為正向提升，而水準的變化從 15 字到 20 字（增加 5）。

在介入期的表現上，趨向呈現穩定（.83），測驗表現平均數為 25.1 字，趨向路徑顯示為正向提升，水準變化從 28 字到 28 字（增加 0）；根據階段間的變化來看，表現的趨向效果是正向的，趨向穩定效果顯示由穩定到變化，水準變化由 20 字到 28 字（增加 8），重疊百分比為 0%，而在 C 統計的 Z 值為 3.42，顯示達顯著差異（$p < .01$）。

從上述的數據資料分析參與者 C 在文字書寫測驗表現，可以發現注意力訓練有助於提升該生文字書寫時的注意力表現，且有立即提升的效果。

（三）替換符號之表現（如圖 6-8、表 6-12、表 6-13 所示）

1. 參與者 A

根據階段內的變化來看，在基線期的趨向呈現穩定（1.00），在測驗表現平均數為 11.3，趨向路徑顯示為正向提升，而水準的變化從 8 到 12（增加 4）。在介入期的表現上，趨向呈現穩定（.92），測驗表現平均數為 15.5，趨向路徑顯示為水平穩定，水準變化從 14 到 18（增加 4）；根據階段間的變化來看，表現的趨向效果是正向的，趨向穩定效果顯示由穩定到穩定，水準變化由 12 到 18（增加 6），重疊百分比為 0%，而在 C 統計的 Z 值為

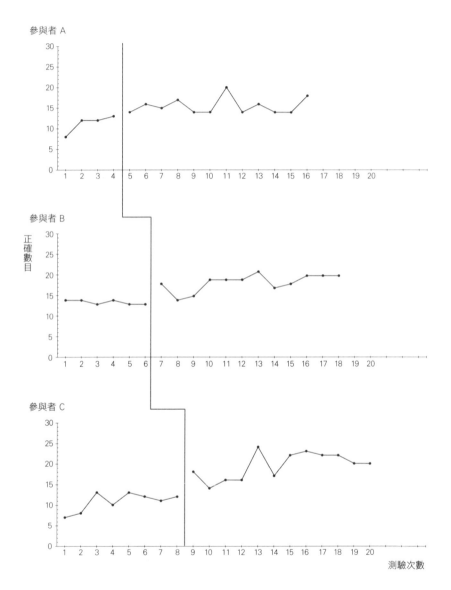

圖 6-8 三位參與者在替換符號測驗之表現

表 6-12 參與者替換符號測驗之視覺分析摘要表（階段內）

參與者	A		B		C	
階段	基線	介入	基線	介入	基線	介入
趨向預估	=	+	=	+	=	+
趨向穩定	1.00*	.92*	1.00*	.75*	.88*	.75*
平均	11.3	15.5	13.5	18.3	11.4	20.4
趨向路徑	↗ (+)	→ (=)	→ (=)	↗ (+)	↗ (+)	↗ (+)
水準穩定	.75*	.92*	1.00*	.75*	.75*	.5
水準範圍	13~8	14~20	14~13	20~14	13~7	24~14
水準變化	12-8 (+4)	18-14 (+4)	13-14 (-1)	20-18 (+2)	11-7 (+4)	18-20 (-2)

表 6-13 參與者替換符號測驗之視覺分析摘要表（階段間）

參與者	A		B		C	
階段比較	基線／介入		基線／介入		基線／介入	
路徑變化	↗ (+)	→ (=)	→ (=)	↗ (+)	↗ (+)	↗ (+)
趨向效果	正向		正向		正向	
趨向穩定	穩定到穩定		穩定到穩定		穩定到變化	
水準變化	12~18 (+6)		13~18 (+5)		11~18 (+7)	
重疊比率	0%		8%		0%	
C 值	0.39		0.81		0.78	
Z 值	1.52		3.28**		3.20**	

P^*：穩定，P^{n*}：變化
+：正向，－：負向，=：無方向
Z^*：$P < .05$, Z^{**}：$P < .01$

1.52，顯示未達顯著差異（$p > .05$）。

從上述的數據資料分析參與者 A 在替換符號測驗表現，可以發現雖然注意力訓練未顯著提升該生替換符號時的注意力表現，但仍然顯示出立即提升的效果。

2. 參與者 B

根據階段內的變化來看，在基線期的趨向呈現穩定（1.00），在測驗表現平均數為 13.5，趨向路徑顯示為平行穩定，而水準的變化從 14 到 13（減少 1）。在介入期的表現上，趨向呈現穩定（.75），測驗表現平均數為 18.3，趨向路徑顯示為正向提升，水準變化從 18 到 20（增加 2）；根據階段間的變化來看，表現的趨向效果是正向的，趨向穩定效果顯示由穩定到穩定，水準變化由 13 到 18（增加 5），重疊百分比為 8%，而在 C 統計的 Z 值為 3.28，顯示達顯著差異（$p < .01$）。

從上述的數據資料分析參與者 B 在替換符號測驗表現，可以發現注意力訓練能顯著提升該生替換符號時的注意力表現，並顯示出立即提升的效果。

3. 參與者 C

根據階段內的變化來看，在基線期的趨向呈現穩定（.88），在測驗表現平均數為 11.4，趨向路徑顯示為正向提升，而水準的變化從 7 到 11（增加 4）。在介入期的表現上，趨向呈現穩定（.75），測驗表現平均數為 20.4，趨向路徑顯示為正向提升，水準變化從 20 字到 18 字（減少 2）；根據階段間的變化來看，表

現的趨向效果是正向的，趨向穩定效果顯示由穩定到變化，水準變化由 11 到 18 （增加 7），重疊百分比為 0%，而在 C 統計的 Z 值為 3.20，顯示達顯著差異（$p < .01$）。

從上述的數據資料分析參與者 C 在替換符號測驗表現，可以發現注意力訓練能顯著提升該生替換符號時的注意力表現，並顯示出立即提升的效果。

(四)迷津路徑之表現（如圖 6-9、表 6-14、表 6-15 所示）

1. 參與者 A

根據階段內的變化來看，在基線期的趨向呈現穩定（.75），在測驗表現平均數為 1.51 分鐘，趨向路徑顯示為正向提升，而水準的變化從 0.92 分鐘到 1.87 分鐘（增加 0.95 分鐘）。在介入期的表現上，趨向呈現穩定（.83），測驗表現平均數為 0.63 分鐘，趨向路徑顯示為負向降低，水準變化從 0.85 分鐘到 0.48 分鐘（減少 0.37 分鐘）；根據階段間的變化來看，表現的趨向效果是負向的，趨向穩定效果顯示由變化到穩定，水準變化由 1.87 分鐘到 0.85 分鐘 （減少 1.02 分鐘），重疊百分比為 0%，而在 C 統計的 Z 值為 2.63，顯示達顯著差異（$p < .01$）。

從上述的數據資料分析參與者 A 在迷津路徑測驗表現，可以發現注意力訓練能顯著提升該生迷津路徑時的注意力表現，並顯示出立即提升的效果。

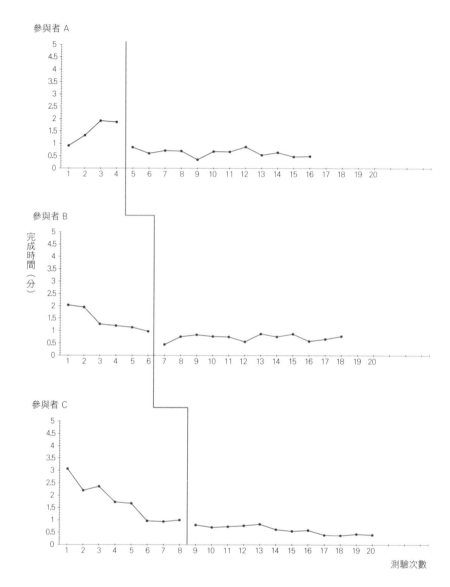

測驗次數

圖 6-9 三位參與者在迷津路徑測驗之表現

158

表 6-14 參與者迷津路徑測驗之視覺分析摘要表（階段內）

參與者	A		B		C	
階段	基線	介入	基線	介入	基線	介入
趨向預估	=	—	=	—	=	—
趨向穩定	.75*	.83*	.50	.75*	.50	.92*
平均(分)	1.51	0.63	1.45	0.73	1.73	0.60
趨向路徑	↗ (+)	↘ (−)	↘ (−)	→ (=)	↘ (−)	↘ (−)
水準穩定	0	.25	0	.25	.25	.42
水準範圍 (分)	1.92~0.92	0.87~0.35	2.07~0.98	0.88~0.45	3.05~0.93	0.83~0.37
水準變化 (分)	1.87-0.92 (+0.95)	0.48-0.85 (−0.37)	0.98-2.07 (−1.09)	0.78-0.45 (+0.33)	3.05-1.0 (+2.05)	0.4-0.8 (−0.4)

表 6-15 參與者迷津路徑測驗之視覺分析摘要表（階段間）

參與者	A		B		C	
階段比較	基線／介入		基線／介入		基線／介入	
路徑變化	↗ (+)	↘ (−)	↘ (−)	→ (=)	↘ (−)	↘ (−)
趨向效果	負向		負向		負向	
趨向穩定	變化到穩定		變化到穩定		變化到穩定	
水準變化 (分)	1.87~0.85 (−1.02)		0.98~0.45 (−0.53)		1.0~0.8 (−0.2)	
重疊比率	0%		0%		0%	
C 值	0.68		0.80		0.89	
Z 值	2.63**		3.23**		3.88**	

P^*：穩定，P^{n*}：變化
＋：正向，－：負向，＝：無方向
Z^*: $P < .05$, Z^{**}: $P < .01$

2. 參與者 B

根據階段內的變化來看，在基線期的趨向呈現變化（.50），在測驗表現平均數為 1.45 分鐘，趨向路徑顯示為負向降低，而水準的變化從 2.07 分鐘到 0.98 分鐘（減少 1.09 分鐘）。在介入期的表現上，趨向呈現穩定（.75），測驗表現平均數為 0.73 分鐘，趨向路徑顯示為水平穩定，水準變化從 0.45 分鐘到 0.78 分鐘（增加 0.33 分鐘）；根據階段間的變化來看，表現的趨向效果是負向的，趨向穩定效果顯示由變化到穩定，水準變化由 0.98 分鐘到 0.45 分鐘（減少 0.53 分鐘），重疊百分比為 0%，而在 C 統計的 Z 值為 3.23，顯示達顯著差異（$p < .01$）。

從上述的數據資料分析參與者 B 在迷津路徑測驗表現，可以發現注意力訓練能顯著提升該生迷津路徑時的注意力表現，並顯示出立即提升的效果。

3. 參與者 C

根據階段內的變化來看，在基線期的趨向呈現變化（.50），在測驗表現平均數為 1.73 分鐘，趨向路徑顯示為負向降低，而水準的變化從 1.0 分鐘到 3.05 分鐘（增加 2.05 分鐘）。在介入期的表現上，趨向呈現穩定（.92），測驗表現平均數為 0.60 分鐘，趨向路徑顯示為負向降低，水準變化從 0.8 分鐘到 0.4 分鐘（減少 0.4 分鐘）；根據階段間的變化來看，表現的趨向效果是負向的，趨向穩定效果顯示由變化到穩定，水準變化由 1.0 分鐘到 0.8 分鐘（減少 0.2 分鐘），重疊百分比為 0%，而在 C 統計的 Z 值為 3.88，

顯示達顯著差異（$p < .01$）。

　　從上述的數據資料分析參與者 C 在迷津路徑測驗表現，可以發現注意力訓練能顯著提升該生迷津路徑時的注意力表現，並顯示出立即提升的效果。

四、研究建議

(一)對教學者的建議

1. 將發展性元素融入學業性課程中

　　由本研究結果可以得知，在進行學習課程前先實施注意力訓練，對於課堂學習時的專心注意行為表現之效果是顯著的。因此，教學研究人員在進行教學前先實施注意力訓練，除了可提升輕度智能障礙學生的學習動機，並穩定其行為表現外，更有助於提升輕度智能障礙學生在接下來學科學習時的專心注意行為表現。

2. 針對不同向度之注意力問題進行適性化訓練

　　針對輕度智能障礙學生不同的學習優弱勢，如語文、幾何空間等等，教學者能根據其個別差異，進行不同向度的注意力訓練，並針對學生個別需求施予適性化的注意力訓練方式，將能使輕度智能障礙學生的注意力表現更具效果。

3. 發展學生自我指導與監控的注意力策略

　　研究者在研究過程中亦發現，在注意力訓練教材中的步驟化訓練和指導語，能使輕度智能障礙學生在自我指導與自我監控的

過程更具效果。因此，教學研究人員在進行訓練時，若能參考本研究的訓練方式和訓練教材，並配合教材學習單中的指導語和自我監控步驟，發展學生的注意力策略，將有助於提升輕度智能障礙學生的注意力，及其課堂學習行為表現的穩定；而輕度智能障礙學生在普通班級的學習行為也將更加穩定。

(二)對未來相關研究的建議

1. 比較樣本障礙類別差異

本研究之研究對象僅針對三位五年級輕度智能障礙學生，研究結果推論有限，未來可針對不同年級學生或可擴及其他類別的特殊兒童，譬如自閉症或注意力缺陷過動症兒童，以了解不同年級學生及不同障礙類別學生的注意力訓練成效。

2. 比較樣本性別差異

本研究之研究對象僅針對三位五年級輕度智能障礙男性學童，雖然在研究結論中得出三位同性別學童在進行自編注意力測驗時，其注意力表現的差異，但礙於樣本數過少，在推論上仍不夠嚴謹，建議未來研究中可針對不同性別學童進行分析比較。

CHAPTER 7

翻轉的注意力訓練
課程活動設計

壹 設計緣起

　　心理學家 James（2007）認為，注意力的關鍵就是：「犧牲某些事物的處理，以便能有效的處理其他事物」，同時也做出以下詮釋：「……每個人都能了解什麼是注意力，注意力是以一種清楚、活潑生動的方式，在幾個同時呈現的物體或連續的思緒中，挑選出一個來占據我們的心智，注意力的重點是集中、專注與意識……」。注意力在心理學上的解釋，被認為是「個體對情境中的眾多刺激，只選擇其中一個或一部分來做反應，並從而獲得知覺經驗的一項心理活動能力」（張春興，2000）。當個體執行注意力此項能力時，會對被選定而注意到的刺激產生並獲得清楚的

知覺,但對注意之外的刺激,則會模糊不清,甚至有忽視的現象。

每個學生能夠注意力集中的時間長短不一,且通常會隨著年齡、發展歷程及個別差異有所不同,一般而言,年齡愈長,注意力持續的時間會相對地提升。此外,學生自身的個性氣質、學習環境的安排及對學習內容的興趣,亦是影響注意力的重要相關因素。Barkley(1998)曾提出 ADHD 兒童的五項重要特徵,包括:不注意、衝動、過動、規則行為習得缺陷,以及成就表現不穩定;並同時認為,不專注或注意力缺乏的問題可再分成下列幾項:警覺、選擇性注意力、持續性注意力、轉移性注意力,以及注意力廣度(Barkley, 1998)。

具有注意力問題的學生在學習時,常會在注意力部分呈現以下四種常見的問題與特徵(孟瑛如,2006,2013a;孟瑛如、簡吟文,2014):

1. 注意力渙散:此生常會伴隨過動現象,易受小事干擾而分心,思想衝動且健忘,厭惡認知學習上需要持續專心的活動。

2. 注意力不足:此生常會伴隨退縮與行動遲緩的現象,做事速度很慢,常需花很長時間去完成一件很簡單的事。

3. 注意力短暫:此生常會伴隨疲累與分心現象,做一件事常需分多次完成,易過度注重小細節,以致於常被過多不必要的細節誤導。

4. 注意力固執:此生常會伴隨固執行為現象,會在上課或做功課時,只專注自己的固執行為,例如:玩衣領、亂塗鴉等,以致於未能如期完成工作。同時,也會常在考試時不由自主

的重複唸同一個字或句子，浪費許多作答時間，更會因某一題答不出來而「卡」住，留一大堆未作答的空白題。

　　國內目前已有許多文獻研究皆顯示，針對學生的注意力進行訓練，提升其注意力，有助於提升其學習成效。研究部分採用行為改變的方式，也部分以學習策略、藝術治療或身體運動的方式（請參閱本書第 83～85 頁）來協助學生提升注意力，且研究結果顯示這些方式對學生的注意力都有正向的影響。孟瑛如、簡吟文（2014）指出，注意力訓練若有一套系統化教材，對於訓練孩童之注意力將有相當大的助益；藉由教材的輔助，能讓教師在實施注意力訓練時更有結構性和系統性。

貳 課程內容

　　若能明確界定學生的注意力問題，即有助於其注意力訓練之方向的準確性，而藉著具結構性及系統性的教材與教學活動搭配，能使學生更有效的習得提升注意力的方法。本教材之主要目的在提升兒童學習時的注意力，希望能以有系統的注意力訓練方式，有效提升其學習時的注意力表現。注意力訓練教材主要分為十五節課，每節四十分鐘，課程內容包含使用《孩子可以比你想得更專心：我的注意力遊戲書》（孟瑛如、簡吟文，2018）一書以及兩項注意力訓練遊戲，共三項活動，再加上兩項輔助規則，分別簡介如下。

　　在《孩子可以比你想得更專心：我的注意力遊戲書》一書部分，第一部分為認知歷程能力訓練教材，重點在訓練訊息處理及思考推理的提升，對於認知過程中可能需要的注意力表現進行模擬訓練；第二部分為學業成就能力訓練教材，搭配現行的學業課程內容進行訓練，對於學習過程中可能需要的注意力表現進行模擬訓練（孟瑛如、簡吟文，2018）。

　　另外，兩項注意力訓練遊戲，則是以視覺、聽覺及具體操作的多感官方式設計出注意力相關課程遊戲活動，讓兒童可以由紙本的作業訓練課程轉移到課程互動式的活動，以達到改善注意力的效果。

　　輔助規則的部分，在課程起始時，就要與兒童培養「坐、停、看、聽」的默契，一旦於課程中聽到這項指令，就必須立即：「坐好、停止說話及動作、眼睛看老師、聽老師說話」；另外，也要教導兒童自我指導語：「緊張或衝動時—深呼吸—慢慢來」，透過自我指導語搭配深呼吸練習，減緩兒童因衝動而分心的情況。

注意力訓練教學活動設計			
適用對象	1. 國小 ADHD 學生 2. 伴隨有注意力缺陷或過動問題之國小輕度障礙學生	教學時間	共計十五節，每節四十分鐘

教學目標／對應的能力指標

特殊需求領域——學習策略課程：認知策略

1-1-1-1 能區辨環境中訊息的來源管道（如：聽覺、視覺訊息等）

1-1-1-2 能區辨環境中的干擾訊息

1-1-1-3 能忽略環境中的干擾訊息（如：噪音、教室外走動的人等）

1-1-1-4 能選擇專注於某一個學習的焦點（如：老師的示範動作）

1-1-1-5 能依據學習的特定項目維持注意的狀態（如：問答與輪替）

1-1-1-6 能運用提示系統集中注意力（如：VCR 或錄音機提示等）

1-1-1-7 能依據學習情境具體規範，維持適當的專注時間

1-1-1-8 能依據指導者的提示，適當的轉移注意力（如：黑板轉移到課本）

1-2-1-1 能表達出訊息中的核心項目（如：關鍵字句）

1-2-1-2 能分辨訊息中的細節差異（如：音量與語調的變化）

1-2-1-3 能同時接收二種以上不同訊息

1-2-1-4 能同時區辨不同訊息的重點（如：老師的口語指令和示範的操作流程）

1-2-1-5 能自己維持適當的專注時間（如：讀完一篇閱讀材料）

節次	教學內容	時間	教學資源
第一節	一、暖身活動 1. 將今日進行之三項活動名稱依順序寫在白板上。 2. 輔助規則：坐、停、看、聽。 3. 自我指導語：緊張或衝動時—深呼吸—慢慢來。	3	白板 白板筆
	二、活動一：動態注意力遊戲「超級金手指」 1. 活動目的：促進同學間互相認識及訓練聽覺注意力及短期記憶力。	10	

節次	教學內容	時間	教學資源
第一節	2. 活動規則 (1) 請學生圍圓圈坐下，逐一自我介紹。 (2) 由老師先擔任「金手指」，指向某一同學，其他同學必須快速唸出其姓名，最快的人可以擔任下一任「金手指」。 (3) 進階版可將搶答項目「姓名」替換成其他項目，例如：性別、年級等。		
	三、活動二：尋寶遊戲（孟瑛如、簡吟文，2018，頁3-12） 1. 活動目的：藉由注意力遊戲提升認知歷程之注意力（圖畫選擇）。 2. 活動規則 (1) 指導學生熟悉步驟：寫上日期、讀題、完成內容、檢查、自我評分、舉手安靜等待。 (2) 請學生安靜專注完成遊戲書，有問題舉手、等待老師走過去再發問。 (3) 老師評分區一個笑臉即可得到課堂加分一分。	12	我的注意力遊戲書
	四、活動三：靜態注意力遊戲「彩色ㄅㄆㄇ」 1. 活動目的：訓練視覺搜索、視覺注意力、視覺短期記憶等能力。 2. 活動規則 (1) 根據老師示範將 A4 白紙摺成 16 格，在上面以一格一字練習指定造句。 (2) 將造句上文字之注音依照「彩色ㄅㄆㄇ」色板做搜索，例如：色板上「ㄅ」是紅色，就用紅色彩色筆在白紙該格上寫上「ㄅ」。 (3) 依序完成所有文字之注音。	10	學習單 1
	五、綜合活動 1. 以討論方式引導學生回憶進行的活動，並複習今日運用的專注技巧。 2. 由學生各自結算增強制度的分數，並且表達出最喜愛的活動及原因。	5	

節次	教學內容	時間	教學資源
第二節	一、暖身活動 1. 將今日進行之三項活動名稱依順序寫在白板上。 2. 輔助規則：坐、停、看、聽。 3. 自我指導語：緊張或衝動時—深呼吸—慢慢來。	3	白板 白板筆

	二、活動一：動態注意力遊戲「一比鴨鴨」
	1. 活動目的：訓練聽覺注意力及短期記憶力。
	2. 活動規則
	  (1) 請學生圍圈站好，依單一方向轉圈前進。
	  (2) 一起唱歌：「一比鴨鴨一比一比鴨，一比鴨鴨一比
	     一比鴨，一比鴨鴨一比一比鴨鴨，一比一比鴨鴨一
	     比一比鴨。」
	  (3) 每當唱到目標字「鴨」的時候就需要轉向繼續繞
	     圈。
		10	

	三、活動二：對稱遊戲（孟瑛如、簡吟文，2018，頁
	    103-118）
	1. 活動目的：藉由注意力遊戲提升學業成就之注意力
	  （圖形對稱）。
	2. 活動規則
	  (1) 指導學生熟悉步驟：寫上日期、讀題、完成內容、
	     檢查、自我評分、舉手安靜等待。
	  (2) 請學生安靜專注完成遊戲書，有問題舉手、等待老
	     師走過去再發問。
	  (3) 老師評分區一個笑臉即可得到課堂加分一分。
		12	我的注意
			力遊戲書

	四、活動三：靜態注意力遊戲「捏黏土」
	1. 活動目的：藉由注意力遊戲訓練視覺觀察、視覺注意
	  力、實際操作。
	2. 活動規則
	  (1) 由老師先捏出基礎幾何圖形「圓形」，再請學生使
	     用黏土捏出其他各種圓形，透過觀察討論其圖形的
	     異同。
	  (2) 接著再嘗試其他基礎幾何圖形，例如：「正方
	     形」、「三角形」等。
		10	黏土

節次	教學內容	時間	教學資源
第二節	五、綜合活動 1. 以討論方式引導學生回憶進行的活動，並複習今日運用的專注技巧。 2. 由學生各自結算增強制度的分數，並且表達出最喜愛的活動及原因。	5	

節次	教學內容	時間	教學資源
第三節	一、暖身活動 1. 將今日進行之三項活動名稱依順序寫在白板上。 2. 輔助規則：坐、停、看、聽。 3. 自我指導語：緊張或衝動時─深呼吸─慢慢來。	3	白板 白板筆
	二、活動一：動態注意力遊戲「請你跟我這樣做」 1. 活動目的：藉由注意力遊戲訓練聽覺注意力、短期記憶力及動作觀察、模仿表演。 2. 活動規則 (1) 大家圍成一個圈圈，一起跟著節奏喊：「請你跟我這樣做」。 (2) 接著大家一起拍手兩下，由第一個人自己想一個動作做出來，接著大家一起拍手兩下，第二個人要將第一個人的動作做出來。 (3) 之後再拍手兩下，接著做出自己想的動作，輪到第三個人則是必須在拍手兩下後，做出第二個人的動作，然後在拍手兩下後做出自己的動作。 (4) 依照上述規則輪流進行。每個人必須注意彼此的動作，若是無法跟上節奏或忘記動作就淘汰。	10	
	三、活動二：描圖遊戲（孟瑛如、簡吟文，2018，頁13-22） 1. 活動目的：藉由注意力遊戲提升認知歷程之注意力（完成接續）。 2. 活動規則 (1) 指導學生熟悉步驟：寫上日期、讀題、完成內容、檢查、自我評分、舉手安靜等待。	12	我的注意力遊戲書

節次	教學內容	時間	教學資源
第三節	(2) 請學生安靜專注完成遊戲書，有問題舉手、等待老師走過去再發問。 (3) 老師評分區一個笑臉即可得到課堂加分一分。 四、活動三：靜態注意力遊戲「物件追蹤」 1. 活動目的：藉由注意力遊戲訓練視覺觀察、視覺搜索、視覺注意力。 2. 活動規則 (1) 在桌上擺放各種文具或日常用品（由學生一人拿出三種），依序介紹其名稱，然後請學生仔細地觀看一分鐘。 (2) 接著請學生轉過身去不准偷看，老師將其中一到兩樣物品拿掉或更換位置，請學生轉過來仔細看看有哪些改變，可以互相討論。 五、綜合活動 1. 以討論方式引導學生回憶進行的活動，並複習今日運用的專注技巧。 2. 由學生各自結算增強制度的分數，並且表達出最喜愛的活動及原因。	10 5	

節次	教學內容	時間	教學資源
第四節	一、暖身活動 1. 將今日進行之三項活動名稱依順序寫在白板上。 2. 輔助規則：坐、停、看、聽。 3. 自我指導語：緊張或衝動時—深呼吸—慢慢來。 二、活動一：動態注意力遊戲「1-2-3 什麼人」 1. 活動目的：訓練視／聽覺注意力、短期記憶力以及動作觀察、模仿表演。 2. 活動規則 (1) 遊戲類似 123 木頭人的玩法，出題學生站在前台面對其他學生，喊出「1-2-3 木頭人」。 (2) 其中，「木頭人」可更換成其他人物，例如：「蜘蛛人」、「綠巨人」、「大美人」等，喊完後其他學生必須立刻根據題目做出該人物特徵，例如：	3 10	白板 白板筆

節次	教學內容	時間	教學資源
第四節	「1-2-3 稻草人」，則大家要立刻擺出稻草人的模樣。 (3) 讓學生依序輪流上台出題，一人出五題後換人。		
	三、活動二：文字遊戲（孟瑛如、簡吟文，2018，頁119-134） 1. 活動目的：藉由注意力遊戲提升學業成就之注意力（文字變化）。 2. 活動規則 (1) 指導學生熟悉步驟：寫上日期、讀題、完成內容、檢查、自我評分、舉手安靜等待。 (2) 請學生安靜專注完成遊戲書，有問題舉手、等待老師走過去再發問。 (3) 老師評分區一個笑臉即可得到課堂加分一分。	12	我的注意力遊戲書
	四、活動三：靜態注意力遊戲「我會說故事」 1. 活動目的：訓練聽覺注意力及短期記憶力。 2. 活動規則 (1) 由老師播放事先錄好的故事朗讀音檔，學生邊聽邊跟著唸。 (2) 音檔中間沒有停頓，所以學生必須很專心的邊唸邊聽，跟不上的人就停下來仔細聽。 (3) 撥放完畢後，獎勵跟讀最久的學生。然後討論從剛剛的故事裡聽到什麼內容或細節。	10	故事錄音檔
	五、綜合活動 1. 以討論方式引導學生回憶進行的活動，並複習今日運用的專注技巧。 2. 由學生各自結算增強制度的分數，並且表達出最喜愛的活動及原因。	5	

節次	教學內容	時間	教學資源
第五節	一、暖身活動 1. 將今日進行之三項活動名稱依順序寫在白板上。 2. 輔助規則：坐、停、看、聽。 3. 自我指導語：緊張或衝動時—深呼吸—慢慢來。	3	白板 白板筆

節次	教學內容	時間	教學資源
第五節	二、活動一：動態注意力遊戲「環遊世界」 1. 活動目的：訓練視／聽覺注意力、短期記憶力以及動作觀察、模仿表演。 2. 活動規則 　(1) 利用巧拼地墊在地板上擺設出一個方形邊框，其中設置四個不同顏色的區塊表示特別關卡。 　(2) 由第一個學生喊口號「數枝數枝，最多○枝，最少○枝」，其中可以自己設定要幾枝，其他人必須注意聽，所有人一起玩，出現的枝數就是喊口號學生要走的步數。 　(3) 然後由下一位學生出題，例如：「鴨子」，那麼第一位學生就必須以鴨子的型態走九步。 　(4) 若是特別關卡，則依照關卡提示進行遊戲，例如：唱歌、跳舞、說好話等，若不是，則由下一位學生繼續數枝。	10	巧拼地墊 四項關卡 活動
	三、活動二：幾何完成遊戲（孟瑛如、簡吟文，2018，頁 23-32） 1. 活動目的：藉由注意力遊戲提升認知歷程之注意力（幾何完成）。 2. 活動規則 　(1) 指導學生熟悉步驟：寫上日期、讀題、完成內容、檢查、自我評分、舉手安靜等待。 　(2) 請學生安靜專注完成遊戲書，有問題舉手、等待老師走過去再發問。 　(3) 老師評分區一個笑臉即可得到課堂加分一分。	12	我的注意力遊戲書
	四、活動三：靜態注意力遊戲「數字方格」 1. 活動目的：訓練視覺注意力與視覺搜尋能力。 2. 活動規則 　(1) 類似賓果遊戲規則，將 1～25 的數字隨機寫在 5×5 的方格內（每個數字都要寫到且不能重複）。 **數字方格** 14　7　22　17　6 15　11　1　19　23 20　2　8　12　9 10　24　3　16　18 21　5　25　13　4	10	

節次	教學內容	時間	教學資源
第五節	(2) 請學生不能發出聲音，用手指快速的在方格內正確指出 1～25，其他學生要幫忙「監督」。 (3) 若有錯誤需重來，依序讓每個學生指指看。 五、綜合活動 1. 以討論方式引導學生回憶進行的活動，並複習今日運用的專注技巧。 2. 由學生各自結算增強制度的分數，並且表達出最喜愛的活動及原因。	5	

節次	教學內容	時間	教學資源
第六節	一、暖身活動 1. 將今日進行之三項活動名稱依順序寫在白板上。 2. 輔助規則：坐、停、看、聽。 3. 自我指導語：緊張或衝動時—深呼吸—慢慢來。	3	白板 白板筆
	二、活動一：動態注意力遊戲「鴨子舞」 1. 活動目的：訓練聽覺注意力、短期記憶力以及動作觀察、模仿表演。 2. 活動規則 (1) 以帶動跳的形式進行鴨子舞。口訣：眨眨眼睛、振振翅膀、搖搖屁股、拍拍拍拍。 (2) 邊跳要邊唸口訣，速度會慢慢加快。	10	
	三、活動二：尋找遊戲（孟瑛如、簡吟文，2018，頁 135-150） 1. 活動目的：藉由注意力遊戲提升學業成就之注意力（文字區辨）。 2. 活動規則 (1) 指導學生熟悉步驟：寫上日期、讀題、完成內容、檢查、自我評分、舉手安靜等待。 (2) 請學生安靜專注完成遊戲書，有問題舉手、等待老師走過去再發問。 (3) 老師評分區一個笑臉即可得到課堂加分一分。	12	我的注意力遊戲書

節次	教學內容	時間	教學資源
第六節	四、活動三：靜態注意力遊戲「繪本」 1. 活動目的：訓練視／聽覺注意力、短期記憶力。 2. 活動規則 　(1) 由老師藉由討論、問答的方式訓練學生的觀察力及注意力，除了文字內容外，也重視繪本畫面中的每個細節，讓學生去回想、體驗、省思這些畫面的意義。 　(2)繪本書的內容主題以品格教育為主，讓學生理解犯錯不可怕，但是要懂得如何去調適自己及修正問題。	10	繪本
	五、綜合活動 1. 以討論方式引導學生回憶進行的活動，並複習今日運用的專注技巧。 2. 由學生各自結算增強制度的分數，並且表達出最喜愛的活動及原因。	5	

節次	教學內容	時間	教學資源
第七節	一、暖身活動 1. 將今日進行之三項活動名稱依順序寫在白板上。 2. 輔助規則：坐、停、看、聽。 3. 自我指導語：緊張或衝動時—深呼吸—慢慢來。	3	白板 白板筆
	二、活動一：動態注意力遊戲「釣魚」 1. 活動目的：藉由注意力遊戲訓練視覺注意力、短期記憶力、手眼協調以及精細動作。 2. 活動規則 　(1) 由老師事先將撲克牌別上迴紋針，學生輪流在起點的地方翻出一張撲克牌並記住花色及數字。 　(2) 接著由學生拿著自製釣竿至終點處，釣到與自己在起點處翻的牌一樣後才可回到位置上。 　(3) 進階活動規則為起點與釣到的兩張牌相加必須為指定數字。	10	撲克牌 毛線 剪刀 膠帶 竹筷子 迴紋針 磁鐵
	三、活動二：仿畫遊戲（孟瑛如、簡吟文，2018，頁33-48） 1. 活動目的：藉由注意力遊戲提升認知歷程之注意力	12	我的注意力遊戲書

節次	教學內容	時間	教學資源
第七節	（仿畫圖形）。 2. 活動規則 　(1) 指導學生熟悉步驟：寫上日期、讀題、完成內容、檢查、自我評分、舉手安靜等待。 　(2) 請學生安靜專注完成遊戲書，有問題舉手、等待老師走過去再發問。 　(3) 老師評分區一個笑臉即可得到課堂加分一分。 四、活動三：靜態注意力遊戲「彩色豆豆」 1. 活動目的：藉由注意力遊戲訓練視覺注意力、短期記憶力，基礎算術能力以及手部精細動作。 2. 活動規則 　(1) 老師將彩色豆豆倒在容器裡，接著在白板上寫出指定的餐別要的顏色與數量，例如：早餐、5顆、藍色。 　(2) 由學生使用湯匙將正確的數量與顏色裝在對的餐別盒子中。 　(3) 進階版即將數量改成簡單的加減算式，學生要先將對的數量算出來，才能夠把彩色豆豆裝進盒子裡。 五、綜合活動 1. 以討論方式引導學生回憶進行的活動，並複習今日運用的專注技巧。 2. 由學生各自結算增強制度的分數，並且表達出最喜愛的活動及原因。	 10 5	 彩色豆豆 蛋 藥盒 白板 白板筆

節次	教學內容	時間	教學資源
第八節	一、暖身活動 1. 將今日進行之三項活動名稱依順序寫在白板上。 2. 輔助規則：坐、停、看、聽。 3. 自我指導語：緊張或衝動時—深呼吸—慢慢來。 二、活動一：動態注意力遊戲「頂天立地」 1. 活動目的：藉由注意力遊戲訓練視覺注意力、短期記憶力以及動作觀察、模仿表演。	3 10	白板 白板筆 巧拼

節次	教學內容	時間	教學資源
第八節	2. 活動規則：由老師在教室中設置關卡及路線，學生要先在起點處，把巧拼頂在自己的頭上，沿著規定路線走到終點，學生要努力平衡別讓頭上的巧拼掉落。		
	三、活動二：快寫遊戲（孟瑛如、簡吟文，2018，頁151-162） 1. 活動目的：藉由注意力遊戲提升學業成就之注意力（書寫速度）。 2. 活動規則 　(1) 指導學生熟悉步驟：寫上日期、讀題、完成內容、檢查、自我評分、舉手安靜等待。 　(2) 請學生安靜專注完成遊戲書，有問題舉手、等待老師走過去再發問。 　(3) 老師評分區一個笑臉即可得到課堂加分一分。	12	我的注意力遊戲書
	四、活動三：靜態注意力遊戲「圈圈叉叉」 1. 活動目的：藉由注意力遊戲訓練聽覺注意力、短期記憶力、臨場反應以及肢體語言之展現。 2. 活動規則 　(1) 老師在地板黏貼圈、叉圖樣以及中線，請學生站在中線上。 　(2) 接著，老師開始以口述方式出是非題，學生聽到題目後必須快速的跳到正確答案的區塊。 　(3) 老師出題的速度會加快，學生必須跟著老師的速度。	10	題目單 圈叉標示 中線
	五、綜合活動 1. 以討論方式引導學生回憶進行的活動，並複習今日運用的專注技巧。 2. 由學生各自結算增強制度的分數，並且表達出最喜愛的活動及原因。	5	

節次	教學內容	時間	教學資源
第九節	一、暖身活動 1. 將今日進行之三項活動名稱依順序寫在白板上。 2. 輔助規則：坐、停、看、聽。	3	白板 白板筆

節次	教學內容	時間	教學資源
第九節	3. 自我指導語：緊張或衝動時—深呼吸—慢慢來。		
	二、活動一：動態注意力遊戲「丟球」 1. 活動目的：藉由注意力遊戲訓練視／聽覺注意力、手眼協調、粗大動作能力。 2. 活動規則 　(1) 將大、中、小三種容器放在前方固定位置，學生站在距離容器約三公尺的位置。 　(2) 聽老師指令完成任務，例如：紅色的球丟進大容器，藍色的球丟進小容器。	10	大、中、小三容器球
	三、活動二：迷宮遊戲（孟瑛如、簡吟文，2018，頁49-58） 1. 活動目的：藉由注意力遊戲提升認知歷程之注意力（迷宮路徑）。 2. 活動規則 　(1) 指導學生熟悉步驟：寫上日期、讀題、完成內容、檢查、自我評分、舉手安靜等待。 　(2) 請學生安靜專注完成遊戲書，有問題舉手、等待老師走過去再發問。 　(3) 老師評分區一個笑臉即可得到課堂加分一分。	12	我的注意力遊戲書
	四、活動三：靜態注意力遊戲「創意聯想」 1. 活動目的：藉由注意力遊戲訓練創造力、視覺注意力以及短期記憶力。 2. 活動規則 　(1) 老師發下印有數個相同圓形（或其他圖形）的紙。 　(2) 由老師提問：請問可以把圓形畫成什麼呀？例如：可以化成笑臉等。 　(3) 開始可由老師引導學生，再來請學生自行創意聯想，將圖上所有的圓形都畫成獨特的作品。	10	學習單2
	五、綜合活動 1. 以討論方式引導學生回憶進行的活動，並複習今日運用的專注技巧。 2. 由學生各自結算增強制度的分數，並且表達出最喜愛的活動及原因。	5	

節次	教學內容	時間	教學資源
第十節	一、暖身活動 1. 將今日進行之三項活動名稱依順序寫在白板上。 2. 輔助規則：坐、停、看、聽。 3. 自我指導語：緊張或衝動時—深呼吸—慢慢來。	3	白板 白板筆
	二、活動一：動態注意力遊戲「小奇兵出任務」 1. 活動目的：藉由注意力遊戲訓練視覺注意力、短期記憶力以及動作觀察、模仿表演。 2. 活動規則：準備六格任務單給學生，請學生依照每一格指示完成任務。	10	學習單 3

小奇兵出任務

我是傳奇小兵 ＿＿＿＿＿＿＿＿

任務一：跟一位新同學大聲問好並互相自我介紹。	任務二：跟一位新同學握手，用大大的笑臉跟他說「很高興認識你」。	任務三：跟一位老師說三句讚美的話。
任務四：對一位新同學跳一次喜得的表情。（忘記了可以向老師求救喔）	任務五：跟同學猜拳且贏了三次。	任務六：跟一位新同學說三句讚美的話。

節次	教學內容	時間	教學資源
	三、活動二：語詞遊戲（孟瑛如、簡吟文，2018，頁163-174） 1. 活動目的：藉由注意力遊戲提升學業成就之注意力（語詞歸類）。 2. 活動規則 　(1) 指導學生熟悉步驟：寫上日期、讀題、完成內容、檢查、自我評分、舉手安靜等待。 　(2) 請學生安靜專注完成遊戲書，有問題舉手、等待老師走過去再發問。 　(3) 老師評分區一個笑臉即可得到課堂加分一分。	12	我的注意力遊戲書

節次	教學內容	時間	教學資源
第十節	四、活動三：靜態注意力遊戲「拍案叫答」 1. 活動目的：藉由注意力遊戲訓練視覺注意力、短期記憶力以及手眼協調。 2. 活動規則： 　(1) 類似撲克遊戲心臟病之玩法，學生圍圈輪流翻出自己手上的卡牌，並依序喊出「圓形」、「三角形」、「正方形」、「長方形」。 　(2) 若翻出的卡牌與唸出的形狀名稱相符，則快速拍該牌，最快的人收牌，最後結算最多手牌的人獲勝。 　(3) 其他活動規則可以顏色或數量為主題。	10	拍案叫答（桌遊）（孟瑛如、呂美玲，2014）
	五、綜合活動 1. 以討論方式引導學生回憶進行的活動，並複習今日運用的專注技巧。 2. 由學生各自結算增強制度的分數，並且表達出最喜愛的活動及原因。	5	

節次	教學內容	時間	教學資源
第十一節	一、暖身活動 1. 將今日進行之三項活動名稱依順序寫在白板上。 2. 輔助規則：坐、停、看、聽。 3. 自我指導語：緊張或衝動時─深呼吸─慢慢來。	3	白板 白板筆
	二、活動一：動態注意力遊戲「紅白旗」 1. 活動目的：藉由注意力遊戲訓練聽覺注意力、反應力及粗大動作。 2. 活動規則 　(1) 請學生排成一列面向老師，手上各拿著一支白旗和一支紅旗，聽老師口令做動作。 　(2) 口令如下： 　　紅旗舉起來，白旗舉起來，紅旗白旗舉起來。 　　紅旗放下來，白旗放下來，紅旗白旗放下來。 　　紅旗不要舉（此時紅旗要放下），紅旗不要放（此時紅旗要舉起）。	10	紅旗 白旗

節次	教學內容	時間	教學資源
	紅旗不要舉（此時白旗要放下），白旗不要放（此時白旗要舉起）。 紅旗白旗不要舉，紅旗白旗不要放。 (3) 依照老師口令做動作，速度最快最正確的即可獲得獎勵。		
	三、活動二：尋找密碼遊戲（孟瑛如、簡吟文，2018，頁 59-76） 1. 活動目的：藉由注意力遊戲提升認知歷程之注意力（搜尋符號）。 2. 活動規則 (1) 指導學生熟悉步驟：寫上日期、讀題、完成內容、檢查、自我評分、舉手安靜等待。 (2) 請學生安靜專注完成遊戲書，有問題舉手、等待老師走過去再發問。 (3) 老師評分區一個笑臉即可得到課堂加分一分。	12	我的注意力遊戲書
第十一節	四、活動三：靜態注意力遊戲「數字消消樂」 1. 活動目的：藉由注意力遊戲訓練視覺注意力。 2. 活動規則：學習單上呈現許多數字，請學生將目標數字全部劃掉，並學習自我檢查。	10	學習單 4

> **數字消消樂**
>
> 1. 請把數字 8 消掉
>
> 6 5 6 4 2 4 6 4 7 5 7 6 8 9 8 9 8
> 6 5 6 3 2 3 6 8 5 9 8 9 5 5 3 4 6
>
> 2. 請把相鄰且相同的數字消掉（例如：1 2 2 4 5 6 7 8）
>
> 5 3 4 8 8 3 2 1 3 2 1 2 3 3 1 2 2
> 1 4 4 7 8 6 5 4 4 3 5 6 6 4 3 1 3
>
> 3. 把相鄰而且加起來等於 10 的數字消掉
> （例如：1 3 1 6 4 3 2 5 1 6 5 4 6 4）
>
> 1 5 4 7 6 4 5 3 6 8 7 8 4 5 4 3
> 5 7 6 4 3 8 2 4 3 5 3 7 8 5 5 3 4
> 4 3 5 4 7 3 5 4 1 4 6 5 7 3 5 5 8

節次	教學內容	時間	教學資源
第十一節	五、綜合活動 1. 以討論方式引導學生回憶進行的活動，並複習今日運用的專注技巧。 2. 由學生各自結算增強制度的分數，並且表達出最喜愛的活動及原因。	5	

節次	教學內容	時間	教學資源
第十二節	一、暖身活動 1. 將今日進行之三項活動名稱依順序寫在白板上。 2. 輔助規則：坐、停、看、聽。 3. 自我指導語：緊張或衝動時—深呼吸—慢慢來。	3	白板 白板筆
	二、活動一：動態注意力遊戲「冰原飄移舞」 1. 活動目的：藉由注意力遊戲訓練視／聽覺注意力、短期記憶力以及動作觀察、模仿表演。 2. 活動規則 (1) 以帶動跳的形式進行專心飄移舞，由學生跟著口令一起跳。 (2) 口令：往前兩步，專心的表情，退後兩步，專心的表情，往左踏，飄移，往右踏，再飄移，角交叉，學學專心，再交叉，變成專心，跳跳扭扭手臂，學阿婆轉身走下去。 (3) 依照老師口令做動作，速度最快最正確的即可獲得獎勵。	10	音樂
	三、活動二：圖像概念推理遊戲（孟瑛如、簡吟文，2018，頁 175-194） 1. 活動目的：藉由注意力遊戲提升學業成就之注意力（語文圖像概念）。 2. 活動規則 (1) 指導學生熟悉步驟：寫上日期、讀題、完成內容、檢查、自我評分、舉手安靜等待。 (2) 請學生安靜專注完成遊戲書，有問題舉手、等待老師走過去再發問。 (3) 老師評分區一個笑臉即可得到課堂加分一分。	12	我的注意力遊戲書

節次	教學內容	時間	教學資源
第十二節	四、活動三:靜態注意力遊戲「拇指畫」 1. 活動目的:藉由注意力遊戲訓練視覺注意力、手部精細動作及創造力。 2. 活動規則:學生用拇指沾印台蓋在白紙上,每個人至少八個,並用筆畫出不同的造型、表情或動作,不得重複。	10	白紙 印台 彩色筆
	五、綜合活動 1. 以討論方式引導學生回憶進行的活動,並複習今日運用的專注技巧。 2. 由學生各自結算增強制度的分數,並且表達出最喜愛的活動及原因。	5	

節次	教學內容	時間	教學資源
第十三節	一、暖身活動 1. 將今日進行之三項活動名稱依順序寫在白板上。 2. 輔助規則:坐、停、看、聽。 3. 自我指導語:緊張或衝動時—深呼吸—慢慢來。	3	白板 白板筆
	二、活動一:動態注意力遊戲「比手畫腳」 1. 活動目的:藉由注意力遊戲訓練視覺注意力、短期記憶力以及動作觀察、模仿表演。 2. 活動規則 (1) 請學生排成一列,老師告訴第一個學生題目,由第一個學生以無口語的肢體表演告訴第二名學生。 (2) 接著,再請第二名學生演給第三名學生看,依序到最後一名學生,請該生說出答案。 (3) 逐一檢視每個學生肢體表演透露出的訊息和他人的認知有何異同。	10	
	三、活動二:魔術遊戲(孟瑛如、簡吟文,2018,頁77-90) 1. 活動目的:藉由注意力遊戲提升認知歷程之注意力(替換符號)。	12	我的注意力遊戲書

節次	教學內容	時間	教學資源
第十三節	2. 活動規則 (1) 指導學生熟悉步驟：寫上日期、讀題、完成內容、檢查、自我評分、舉手安靜等待。 (2) 請學生安靜專注完成遊戲書，有問題舉手、等待老師走過去再發問。 (3) 老師評分區一個笑臉即可得到課堂加分一分。		
	四、活動三：靜態注意力遊戲「報紙找一找」 1. 活動目的：藉由注意力遊戲訓練視／聽覺注意力、視覺搜索能力以及精細動作。 2. 活動規則：以小組合作的方式在報紙中找出老師唸出目標句子中的所有文字，並透過剪貼的方式黏貼在白紙上。目標句子以勵志短句為主。	10	報紙 白紙 剪刀 膠水
	五、綜合活動 1. 以討論方式引導學生回憶進行的活動，並複習今日運用的專注技巧。 2. 由學生各自結算增強制度的分數，並且表達出最喜愛的活動及原因。	5	

節次	教學內容	時間	教學資源
第十四節	一、暖身活動 1. 將今日進行之三項活動名稱依順序寫在白板上。 2. 輔助規則：坐、停、看、聽。 3. 自我指導語：緊張或衝動時—深呼吸—慢慢來。	3	白板 白板筆
	二、活動一：動態注意力遊戲「小蘋果」 1. 活動目的：藉由注意力遊戲訓練視／聽覺注意力、短期記憶力以及動作觀察、模仿表演。 2. 活動規則 (1) 以帶動跳的形式進行活力水果舞 (2) 口令： 你是我的小呀小〇〇兒，怎麼吃你都不嫌多， 〇〇的小臉兒溫暖我的心窩，點亮我生命的火-火-火-火-火， 你是我的小呀小〇〇兒，就像〇〇最美的〇〇，	10	音樂

節次	教學內容	時間	教學資源
第十四節	春天又來到了花開滿山坡，種下希望就會收穫。 (3) 依照老師口令做動作，速度最快最正確的即可獲得獎勵。 (4) 可由學生替換歌詞中的水果或語詞，但要對應相對的特徵，例如：蘋果對應紅紅的、葡萄對應紫紫的；天上對應白雲、海邊對應波浪。		
	三、活動二：語句搜尋遊戲（孟瑛如、簡吟文，2018，頁195-210） 1. 活動目的：藉由注意力遊戲提升學業成就之注意力（語句搜尋）。 2. 活動規則 (1) 指導學生熟悉步驟：寫上日期、讀題、完成內容、檢查、自我評分、舉手安靜等待。 (2) 請學生安靜專注完成遊戲書，有問題舉手、等待老師走過去再發問。 (3) 老師評分區一個笑臉即可得到課堂加分一分。	12	我的注意力遊戲書
	四、活動三：靜態注意力遊戲「色彩吹畫」 1. 活動目的：藉由注意力遊戲訓練視覺注意力、手部精細動作及創造力。 2. 活動規則 (1) 請學生將不同顏料放入調色盤中並加入適量的水。 (2) 由老師示範如何用吸管將顏料在圖畫紙上吹開，並做出不同造型。 (3) 由學生設定主題後自由創作，鼓勵學生運用不同顏色做出吹畫。 (4) 讓學生輪流發表自己創作的內容。	10	水彩用具 吸管 圖畫紙
	五、綜合活動 1. 以討論方式引導學生回憶進行的活動，並複習今日運用的專注技巧。 2. 由學生各自結算增強制度的分數，並且表達出最喜愛的活動及原因。	5	

節次	教學內容	時間	教學資源
第十五節	一、暖身活動 1. 將今日進行之三項活動名稱依順序寫在白板上。 2. 輔助規則：坐、停、看、聽。 3. 自我指導語：緊張或衝動時—深呼吸—慢慢來。	3	白板 白板筆
	二、活動一：動態注意力遊戲「快速倒唸」 1. 活動目的：藉由注意力遊戲訓練視／聽覺注意力。 2. 活動規則：請學生在白紙上寫下 5～10 個字的句子，兩兩背向走，聽老師口令轉身，最快倒著唸出對方手中句子的人獲勝。	10	白紙 彩色筆
	三、活動二：排列遊戲（孟瑛如、簡吟文，2018，頁91-100） 1. 活動目的：藉由注意力遊戲提升認知歷程之注意力（排列推理）。 2. 活動規則 (1) 指導學生熟悉步驟：寫上日期、讀題、完成內容、檢查、自我評分、舉手安靜等待。 (2) 請學生安靜專注完成遊戲書，有問題舉手、等待老師走過去再發問。 (3) 老師評分區一個笑臉即可得到課堂加分一分。	12	我的注意力遊戲書
	四、活動三：靜態注意力遊戲「拼圖」 1. 活動目的：藉由注意力遊戲訓練視覺注意力、短期記憶力以及精細動作。 2. 活動規則：由老師示範講解，先給學生看完成的圖片，而後請學生先由三片拼圖開始挑戰，逐漸增加難度。	10	拼圖
	五、綜合活動 1. 以討論方式引導學生回憶進行的活動，並複習今日運用的專注技巧。 2. 由學生各自結算增強制度的分數，並且表達出最喜愛的活動及原因。	5	

CHAPTER 8

許一個更專心的未來：特殊需求領域課程發展與輔導建議

壹 配合特殊需求領域課程

　　為達到融合教育的理想，特殊教育在十二年國民基本教育的實施下，除了現有特殊教育實施規範外，也因應總綱而訂定「十二年國民基本教育身心障礙相關之特殊需求領域課程綱要」（教育部，2019），依身心障礙學生之個別需求，實施其中所訂之支持性課程，包括：生活管理、社會技巧、學習策略、職業教育、溝通訓練、點字、定向行動、功能性動作訓練、輔助科技應用科目。其中，和注意力訓練相關的便是學習策略此科目。

　　學習策略強調學習所需之方法或技巧，透過培養學習者在認

知、動機、態度、環境、學習工具，以及後設認知的策略能力，以增進學習效果。為呼應十二年國民基本教育發展核心素養能力，學習策略發展的學習重點以呼應核心素養為主，包含學習表現（學習者面對生活環境、議題與情境時所展現的能力、態度與行動）和學習內容（認識人類探索世界累積的系統知識，作為解決問題過程中的必要基礎）。學習策略的學習表現包括：提升認知學習（特學 1）、提升態度動機（特學 2）、運用環境與學習工具（特學 3）、發展後設認知策略（特學 4）等四個向度；學習內容則包括：認知策略（特學 A）、態度和動機策略（特學 B）、環境調整和學習工具運用策略（特學 C）、後設認知策略（特學 D）等四個主題。其中，學習表現中的「提升認知學習」和學習內容中的「認知策略」都包含注意力訓練的相關元素在內，與注意力訓練相關的學習重點內容請參閱表 8-1。其中，代碼第一碼為主題向度；第二碼為學習階段，以羅馬數字 I 至 V 表示（國小低、中、高年級、國中和高中）；第三碼則為流水號。

當老師希望將注意力訓練納入學生的個別化教育計畫（IEP）之學年學期目標時，即可參閱表 8-1 之內容。而學習表現和學習內容所列的項目為參考實施之方向，並非以指標方式呈現，因此老師或家長在使用時需根據學生的需求進行內容轉化，此可參考圖 8-1 之內容。在轉化學習表現和學習內容時，需注意兩者關係並非一對一之對應，而學習階段可依照學生的學習需求進行適性選擇。

本書在第七章提出注意力訓練活動設計之範例，係參考教育部所公布之「特殊需求領域課程綱要：學習策略」中和注意力有

表 8-1 學習策略科目和注意力相關之學習重點

學習表現	學習內容
特學 1-I-1 注意環境中的訊息。 特學 1-I-2 區辨環境中訊息的來源管道。 特學 1-I-3 忽略干擾訊息。 特學 1-I-4 透過提示系統集中注意力。 特學 1-I-5 提示下維持專注。 特學 1-I-6 依據提示適當轉移注意力。	特學 A-I-1 環境中的訊息。 特學 A-I-2 提示系統。 特學 A-I-3 提示或指導語。
特學 1-II-1 察覺訊息中的重要項目。 特學 1-II-2 指出不同訊息的重點。 特學 1-II-3 延長專注時間。	特學 A-II-1 訊息中的重要項目或重點。 特學 A-II-2 適當的專注時間。
特學 1-III-1 分辨訊息中的細節差異。 特學 1-III-2 調整不同學習項目的專注時間。 特學 1-III-3 提示下轉移注意力。	特學 A-III-1 訊息中的細節差異。 特學 A-III-2 轉移注意力的提示重點。
特學 1-IV-1 根據環境或學習訊息轉換注意力及調整專注時間。	特學 A-IV-1 多元的學習環境或訊息。
特學 1-V-1 發展出適合自己的注意力策略。	特學 A-V-1 自我的注意力策略。

學習表現　　　　　　　　　　　　　　　**學習內容**

特學1-II-2　指出不同訊息的重點。　　　特學A-II-1　訊息中的重要項目或重點。
特學1-II-3　延長專注時間。　　　　　　特學A-II-2　適當的專注時間。

學年目標
E2-1 能根據不同訊息的重點延長專注時間。

學期目標
E1-1-1能指出或說出訊息的重點。
E1-1-2能維持適當的專注時間。
E1-1-3能根據不同的訊息重點轉換注意力時間。

圖 8-1 學習策略之學習重點轉化參考示例

關之學習重點所設計，以遊戲本位學習的概念，除了運用注意力訓練教材之外，也結合桌遊、藝術創作、身體律動等多感官元素，讓注意力訓練可以更多元、更活潑。根據學習策略中對於特殊需求課程之安排，注意力訓練可以融入學科進行，同時亦可結合本書所建議與注意力遊戲書的概念，結合認知歷程與學業成就之訓練，達到注意力訓練實施對於一般課程之類化與維持的效果。

貳 輔導建議

一、給普通班教師的建議

當普通班教師接觸到有注意力缺陷的孩童時，常常會不知所措，對於他們的注意力問題往往感到頭痛，因而就給孩子一些先入為主的標籤，如過動兒、學習障礙或情緒障礙等等，但這樣的作法往往會造成親師溝通間的緊張氣氛。

孩童是否具有缺陷或障礙，是需要經過鑑定和評量的，您可以向特殊教育教師或輔導室尋求諮詢，但在尋求諮詢前，您必須先完成下列事項：

1. 詢問該生之前的任教導師，了解該生過去學習的情形，以及前導師的處理方法。
2. 和家長懇切的晤談，由家長描述該生在家庭的互動情形，了解其家庭成長史。

3. 仔細觀察該生在班上目前的情形，並加以記錄。

　　以上三點是在尋求特教諮詢前，班導師所應先具備完成的事項，請準備好這些學生的學習情形，讓特殊教育教師了解，以提供您相關的輔導策略，再針對鑑定的問題進行評估。

　　當然，您也可以在和特教老師討論後，利用本書相關的教材內容，對學生進行注意力訓練，並且觀察學生在訓練期間的表現。以下提供幾點適用於注意力缺陷孩童的常用輔導策略和技巧，供教學時使用：

1. 給予明確的指令：教師在指派工作或作業時，語氣和指令必須明確，切勿使用暗示或是隱喻的言語。

2. 學習步驟化：對於較為困難的教材或問題，教師可以將之分成幾個簡單的步驟，引導學生逐步完成。

3. 座位安排：在課堂學習時，老師往往無法兼顧到學生的注意力問題。當老師發現學生注意力不易集中時，可以將座位安排在較靠近老師的地方，便於老師提醒學生。

4. 技巧性提示：當學生無法專注時，利用一些技巧來提醒學生，如輕拍肩膀、給予小紙卡或是便條紙（需寫明指導話語）；老師也可以用口語方式來引導，如：「現在大家都看著黑板（眼神注視不專注的學生）。好，大家一起看黑板⋯⋯」

5. 明確的契約和獎勵：可以和學生約法三章，完成他應該完成的事項，教師需明白告訴學生，他有哪些事情應該完成，以培養學生的責任感。當學生表現良好時，可以給予適度的獎勵，但也需讓學生明白為何得到獎勵（因為完成了○○作業，

而且表現良好，所以得到獎勵）。

6. 發掘學生的優點：具有注意力缺陷的兒童雖然學習表現不如
預期，但也非一無是處，老師可以靜下心來觀察學生的優點
和可取之處。不要一味將焦點放在「問題」上，其實，他們
也是有活潑可愛的一面。

♨ 二、給家長的話

　　當家長在面對自己孩子的注意力問題時，往往容易將原因歸
咎在自己的教養不當，形成自我的內疚和苛責；而家長亦容易遭
遇到其他孩子和自己孩子的同儕比較，形成壓力，造成對於孩子
的問題往往不能坦誠面對，甚至對於孩子的狀況難以啟齒。

　　當您覺得孩子有注意力方面的缺陷或問題時，先不要急著對
自己的孩子貼標籤，或是產生負面的刻板印象，因為孩子的問題
必須經過準確的鑑定和評量來確認。建議您可以和學校裡的特殊
教育老師或輔導室的老師進行晤談諮商，聽取一些建議，再決定
如何給孩子適當的教學或訓練。在您到學校找老師晤談之前，有
一些事項是您必須先準備的：

1. 觀察孩子的生活情形，並詳細的記錄下來，因為這些生活細
節的狀況對特殊教育老師的判斷，將有一定的幫助。

2. 確定孩子是否有疾病紀錄，或是家族性的遺傳病史。

3. 明白陳述您覺得孩子的問題在哪裡，或是您發現他的學習特
徵為何。

4. 詢問過去教導過您孩子的老師，對於過去孩子學習時的印象，

或是有哪些問題，並將這些蒐集到的資料轉述告知您所尋求
諮商的特殊教育老師。

5. 和孩子目前的班導師保持良性互動，並了解老師對您孩子目
   前學習的陳述為何，在您尋求特殊教育諮詢時，最好也能讓
   普通班老師一起出席。

以上五點是家長在尋求學校專業協助時，應該事先做好準備
的事項。在您和特殊教育老師或輔導室的老師晤談後，會得到老
師所給的一些建議，您可依照這些建議去決定給予孩子的協助。

當您在替孩子決定尋求何種專業協助時，請先考量好實施的
可能性，以及家庭的配合度。最後，家長應該用比較開明的心態
來面對孩子的問題，只有坦然接受孩子的問題，才能用理性的態
度去處理孩子的問題。以下一些建議可以供家長參考：

1. 當您對孩子的障礙有疑問時，除了尋求學校諮詢外，也能尋
   求醫療諮詢。有關注意力的問題，可以尋求精神科醫生或兒
   童心智科醫生進行注意力方面的評估。

2. 當您覺得心理壓力過大時，或許可以尋求一些心理諮商。心
   理諮商的目的不僅在治療孩子的注意力問題，且能舒緩家長
   在教育過程中所承受的壓力，解除家庭中緊張的關係。

3. 面對孩子的障礙和問題時難免無助，但有許多和您具有相同
   問題的家長存在，您可以考慮加入一些家長成長團體，或是
   家長協會，藉由分享和聆聽其他家長的經驗，您將獲得更多
   的收穫。

最後，別忘記：「每個孩子都是家長心中的寶貝」，面對孩

子的障礙，儘管無奈和徬徨，但若能尋求適度的專業管道，仍能協助您解決目前的困境。在正視孩子的注意力缺陷時，也別忘了孩子的優點——多去發掘孩子的優點和優勢能力，建立孩子的自信，同時也建立您的自信。

中文部分

孔繁鐘（譯）（2007）。**DSM-IV-TR精神疾病診斷準則手冊**（第四版）
（原作者：American Psychiatric Association）。臺北市：合記。（原著
出版年：2000）

王乙婷、何美慧（2003）。自我指導策略增進ADHD兒童持續性注意力
之效果。**特殊教育學報，18**，21-54。

有愛無礙（2014a）。**應用膳食療養**。取自 http://general.dale.nhcue.edu.
tw/resource/resource-6-10.html

有愛無礙（2014b）。**For content**。取自 http://lcms.dale.nhcue.edu.tw/

江淑蓉、彭雅凌、姜忠信、林家慶（2012）。共享式注意力多元介入方
案療效研究：三名學前中高功能自閉症男童的探究。**特殊教育研究學
刊，37**（2），59-84。

何善欣（譯）（2005）。**亞斯伯格症**（原作者：T. Attwood）。臺北市：
久周。（原著出版年：1998）

吳秋燕（1998）。自我指導策略之理論與應用。**國教之聲，31**（4），
44-48。

吳連滿（2002）。**電腦輔助教學對輕度智能障礙學生數數能力成效之研
究**（未出版之碩士論文）。國立花蓮師範學院，花蓮縣。

吳裕益、邱上真、陳小娟、曾進興、陳振宇、謝淑蘭、成戎珠、黃朝慶、
洪碧霞、櫻井正二郎（1996）。兒童認知功能綜合測驗之編製。**特殊
教育研究學刊，15**，63-81。

宋維村（1996）。自閉症與配對組智能不足兒童之相互注意協調能力、情緒分享能力、語言發展之追蹤比較研究。行政院國家科學委員會專題研究計畫成果報告（NSC85-2413-H-002-004），未出版。

宋維村（2000）。自閉症學生輔導手冊。臺北市：教育部特殊教育小組。

宋維村、侯育銘（1996）。過動兒的認識與治療。臺北市：正中。

李玉琇、蔣文祁（譯）（2010）。認知心理學（第五版）（原作者：R. J. Sternberg）。臺北市：雙葉。（原著出版年：2009）

李玲玉（2007）。運用音樂治療提升特殊幼兒注意力之成效探討。潮洋人文社會學刊，**5**（1），211-240。

李國英（2006）。幫助孩子集中注意力。臺北市：新苗文化。

阮啟宏、呂岱樺、劉佳蓉、陳巧雲（2005）。視覺注意力的研究議題與神經生理機制（1）。應用心理研究，**28**，25-50。

周台傑、林玉華（1996）。自我指導策略對注意力不足過動兒童之教學效果研究。特殊教育學報，**11**，239-284。

周台傑、邱上真、宋淑慧（1993）。多向度注意力測驗。臺北市：心理。

孟瑛如（2006）。讓孩子專心的方法。園區生活，**101**，70-72。

孟瑛如（2013a）。看見特殊，看見潛能：特殊生教師家長貼心手冊（第二版）。臺北市：心理。

孟瑛如（2013b）。資源教室方案：班級經營與補救教學（第三版）。臺北市：五南。

孟瑛如（2013c）。學習障礙與補救教學：教師及家長實用手冊（第二版）。臺北市：五南。

孟瑛如、呂美玲（2014）。拍案叫答（桌遊）。臺北市：心理。

孟瑛如、陳麗如（2000）。學習障礙學生在魏氏智力量表上顯現之特質。特殊教育季刊，**74**，1-11。

孟瑛如、謝瓊慧（2012）。國小ADHD出現率、鑑定、藥物治療與教養措施之調查研究。特殊教育與輔助科技學報，**5**，1-34。

孟瑛如、謝瓊慧、陳季翎（2013）。國小階段注意力缺陷過動症學生行為特徵調查研究。**特教論壇，14**，40-56。

孟瑛如、簡吟文（2018）。孩子可以想得比你更專心：我的注意力遊戲書（第二版）。新北市：心理。

孟瑛如、簡吟文、丁郁音（2006）。注意力訓練對國小資源班學生課堂學習時的注意力改善情形之探討。載於**第 27 屆國際早期教育年會會議手冊**（頁 136）。上海市：華東師範大學。

孟瑛如、簡吟文、陳虹君（2016）。**學前至九年級注意力缺陷過動症學生行為特徵篩選量表（K-9 ADHD-S）**。新北市：心理。

孟瑛如、簡吟文、陳虹君、張品穎、周文聿（2014）。**電腦化注意力診斷測驗（CADA）**。臺北市：心理。

林杰樑（2013）。食品添加物與孩童注意力不集中及過動。取自**綠十字健康網**，http://www.greencross.org.tw/food&disease/ADHD.htm

林素君、黃立婷、林春鳳（2011）。有氧體適能課程對改善兒童注意力之個案研究。**屏東教大體育，14**，423-435。

林清山（譯）（1997）。**教育心理學：認知取向**（原作者：R. E. Mayer）。臺北市：遠流。（原著出版年：1990）

林惠芬（2006）。智能障礙者之教育。載於許天威、徐享良、張勝成（主編），**新特殊教育通論**（頁 137-162）。臺北市：五南。

林慧芬、張瓊穗（2011）。國中自閉症學生專注行為訓練方案成效之探討。**身心障礙研究，9**（4），266-275。

林鋐宇、周台傑（2010）。國小兒童注意力測驗之編製。**特殊教育研究學刊，35**（2），29-53。

林翰裕（2011）。結構方程模式在工作記憶與認知表現上的應用。**應用心理研究，52**，129-148。

邱瑜萱（2003）。注意力訓練融入閱讀理解教學對學習障礙伴隨注意力缺陷學生的閱讀理解學習成效及分心行為之影響：以彰化縣為例（未

出版之碩士論文）。國立新竹師範學院，新竹市。

姜忠信、宋維村（2002）。學齡前自閉症兒童相互注意協調能力的發展。**中華心理衛生學刊，15**（1），29-46。

洪榮照（2000）。智能障礙者之教育。載於王文科（主編），**特殊教育導論**（頁 50-108）。臺北市：心理。

洪儷瑜（1995）。**學習障礙者教育**。臺北市：心理。

洪儷瑜（1999）。**ADHD 學生的教育與輔導**。臺北市：心理。

洪蘭（譯）（2009）。**大腦當家：靈活用腦 12 守則，學習工作更上層樓**（原作者：J. Medina）。臺北市：遠流。（原著出版年：2008）

洪蘭（譯）（2011）。**大腦的祕密檔案（二版）**（原作者：R. Carter）。臺北市：遠流。（原著出版年：2010）

胡永崇（2000）。學習障礙者之教育。載於王文科（主編），**特殊教育導論**（頁 347-392）。臺北市：心理。

胡永崇（2001）。如何因應學生的注意力缺陷。**國教天地，146**，3-11。

修慧蘭、鄭玄藏、余振民、王淳弘（譯）（2016）。**諮商與心理治療：理論與實務（第四版）**（原作者：G. Corey）。臺北市：新加坡商聖智學習。（原著出版年：2012）

高秀玲（2012）。**奧福音樂教學方案對國小輕度與中度智能障礙兒童注意力影響之研究**（未出版之碩士論文）。私立中國文化大學，臺北市。

張本聖、洪志美（譯）（2012）。**心理衡鑑大全（二版）**（原作者：G. Groth-Marnat）。臺北市：雙葉。（原著出版年：2009）

張如穎（2004）。注意力缺失／過動症。載於梁培勇（主編），**兒童偏差行為**（頁 71-117）。臺北市：心理。

張春興（1996）。**教育心理學**。臺北市：東華。

張春興（2000）。**張氏心理學辭典**。臺北市：東華。

教育部（2013）。**身心障礙及資賦優異學生鑑定辦法**。臺北市：作者。

教育部（2019）。**十二年國民基本教育身心障礙相關之特殊需求領域課**

程綱要。臺北市：作者。

梅錦榮（2011）。**神經心理學**（第二版）。桃園市：科技圖書。

莊奇陵（2006）。**過動兒父母完全手冊**。臺北市：合記。

許芷菀、徐庭蘭（2009）。以黏土為媒介之團體活動對一位注意力缺陷過動症幼兒不專注行為變化之研究。**醫護科技期刊，11**（1），1-19。

許晉福（譯）（2008）。**教養過動兒：醫學沒告訴你的十件事**（原作者：V. J. Monastra）。臺北市：世茂。（原著出版年：2005）

陳志遠、李勝雄（2010）。水中運動對 ADHD 兒童注意力影響之個案研究。載於 **2010 年第三屆運動科學暨休閒遊憩管理學術研討會論文集**（頁 101-108）。屏東市：國立屏東教育大學。

陳柏旬（2011）。**正向行為支持計畫對提升啟智學校高職部智能障礙學生專注行為之成效研究**（未出版之碩士論文）。國立嘉義大學，嘉義縣。

陳國泰（2018）。認知行為療法（CBT）在注意力缺陷過動症（ADHD）學生輔導上的應用之探究。**國民教育學報，15**，1-19。

陳湘淳、蔣文祁（2011）。注意力控制在工作記憶發展中的角色。**應用心理研究，52**，95-127。

陳榮華（編譯）（1997）。**魏氏兒童智力量表（第三版）（中文版）：指導手冊**。臺北市：中國行為科學社。

陳榮華、陳心怡（修訂）（2007）。**魏氏兒童智力量表（第四版）（中文版）：技術和解釋手冊**。臺北市：中國行為科學社。

麥玉枝（2004）。提高國小學障生專注力及自我概念研究：採用藝術治療。**南投文教，21**，77-81。

黃尚怡（2004）。**中文化與電腦化的聽覺注意與反應分測驗：注意力缺陷過動疾患與一般兒童的表現**（未出版之碩士論文）。私立中原大學，桃園縣。

黃玫瑰、邱從益（2005）。注意力缺陷疾患的成因與因應之道。**師友，**

454，81-84。

黃姿慎、孟瑛如（2008）。國民中小學學習障礙學生在魏氏兒童智力量
　　表三版（WISC-III）表現特徵研究。**新竹教育大學學報，25**（1），
　　99-125。

黃凱琳、劉美珠（2008）。身心動作教育對注意力缺陷過動症兒童影響
　　之探討。載於國立臺北教育大學體育學術研討會論文集（頁195-200）。
　　臺北市：國立臺北教育大學。

黃惠玲、趙家琛（譯）（2001）。**注意力缺陷過動症：臨床工作手冊**（原
　　作者：R. A. Barkley & K. R. Murphy）。臺北市：心理。（原著出版
　　年：1998）

黃鈺菁、鳳華（2007）。學齡前自閉症兒童相互注意協調能力學習成效
　　初探之研究。**特殊教育研究學刊，32**（1），121-141。

楊文麗、葉靜月（譯）（2003）。**兒童注意力訓練手冊**（原作者：G. W.
　　Lauth & P. F. Schlottke）。臺北市：張老師文化。（原著出版年：
　　2002）

楊文麗、葉靜月（譯）（2005）。**兒童注意力訓練父母手冊**（原作者：
　　G. W. Lauth, P. F. Schlottke, & K. Naumann）。臺北市：張老師文化。
　　（原著出版年：2004）

楊坤堂（1995）。**學習障礙兒童**。臺北市：五南。

楊坤堂（1999）。歐美注意力不足過動異常研究的發展史。**國小特殊教
　　育，26**，1-14。

楊坤堂（2000）。**情緒障礙與行為異常**。臺北市：五南。

楊坤堂（2002）。**學習障礙導論**。臺北市：五南。

楊宗仁（2003.06.08）。提升注意力的訓練方法／建構完善的學習模式。
　　國語日報，第十版。

鄒長志（2018）。神經發展障礙症。載於曾念生（監修），**DSM-5 精神
　　疾病診斷與統計**（頁 123-154）（原作者：American Psychiatric Associ-

ation）。臺北市：合記。（原著出版年：2013）

廖新春（1984）。**注意力訓練電腦輔助方案對中重度智能不足兒童注意力行為訓練效果之研究**（未出版之碩士論文）。國立臺灣師範大學，臺北市。

臺灣兒童青少年精神醫學會（2016）。**ADHD 注意力不足過動症家長手冊**。臺北市：作者。

劉昱志（2013）。認識過動症。**諮商與輔導，326**，16-19。

劉惠娜（2007）。**國中智能障礙學生分心行為功能評量與介入成效之研究**（未出版之碩士論文）。國立嘉義大學，嘉義縣。

劉瓊瑛（譯）（2002）。**注意力欠缺症兒童的迷思：改善行為和注意力的 50 招**（原作者：T. Armstrong）。臺北市：新迪。（原著出版年：1997）

蔡文標（2002）。學習障礙學生上課不專心行為改變之研究。**人文及社會學科教學通訊，13**（4），103-117。

鄧兆軒、陳淑瑜（2009）。奧福音樂治療活動對國小輕度智能障礙兒童不專注行為之影響。載於 **2009 特殊教育暨早期療育論文研討會論文集**（頁 195-234）。臺北市：臺北市立教育大學。

鄭昭明（2010）。**認知心理學：理論與實踐**（三版）。臺北市：學富。

鄭麗月（2007）。**注意力缺陷／過動障礙測驗**。臺北市：心理。

鄭麗玉（2006）。**認知心理學：理論與應用**（二版）。臺北市：五南。

謝維玲（譯）（2011）。**注意！你可能患了注意力缺失症！全新策略療癒六型 ADD**（原作者：D. G. Amen）。新北市：野人文化。（原著出版年：2001）

簡吟文（2008）。**注意力訓練對國小學習障礙學生在課堂學習時注意力影響之探討**（未出版之碩士論文）。國立新竹教育大學，新竹市。

簡吟文、孟瑛如（2009）。注意力訓練對國小學習障礙學生在課堂學習時注意力影響之探討。**特殊教育與復健學報，20**，25-52。

簡吟文、孟瑛如、邱佳寧（2005）。**資源班注意力訓練教材**。新竹市：
　國立新竹教育大學特殊教育中心。

鐘敏華（2012）。協助學前兒童感覺統合的身體活動。**國民教育，53**
　（1），19-24。

龔充文（2007）。注意力：認知神經科學的取向。載於陳烜之（主
　編），**認知心理學**（頁 131-169）。臺北市：五南。

西文部分

American Psychiatric Association [APA] (2000). *Diagnostic and statistical
manual of mental disorder: IV-Text revision* (4th ed.). Washington, DC:
Author.

American Psychiatric Association [APA] (2013). *Diagnostic and statistical
manual of mental disorder: V* (5th ed.). Washington, DC: Author.

Anastopoulous, A. D., & Barkley, R. A. (1992). Attention-deficit hyperactivity
disorder. In C. E. Walker & M. C. Roberts (Eds.), *Handbook of clinical child
psychology*. New York, NY: John Wiley & Sons.

Armstrong, T. (1997). *The myth of the A.D.D. child: 50 ways to improve your
child's behavior and attention span without drugs, labels, or coercion*. New
York, NY: Plume.

Barkley, R. A. (1990). *Attention-deficit hyperactivity disorder*. New York, NY:
The Guilford Press.

Barkley, R. A. (1998). *Attention-deficit hyperactivity disorder: A handbook for
diagnosis and treatment* (2nd ed.). New York, NY: The Guilford Press.

Bender, W. N. (2002). *Differentiating instruction for students with learning di-
sabilities: Best practices for general and special educators*. Thousand Oaks,
CA: Corwin Press.

Birbaumer, N., & Schmidt, R. F. (1999). *Biologische psychologie* (4. Aufl.). Heidelberg: Springer.

Brandeis, D., van Leeuwen, T. H., Rubia, K., Vitacco, D., Steger, J., Pascual-Marqui, R. D., & Steinhausen, H.-C. (1998). Neuroelectric mapping reveals precursor of stop failures in children with attention deficits. *Behavioural Brain Research, 94*(1), 111-125.

Brickenkamp, R., & Zillmer, E. (1998). *The d2 test of attention.* Seattle, WA: Hogrefe & Huber Publishers.

Broadbent, D. E. (1957). A mechanical model for human attention and immediate memory. *Psychological Review, 64*, 205-215.

Brown, R. T. U., & Ievers, C. E. (1999). Psychotherapy and pharmacotherapy treatment outcome research in pediatric populations. *Journal of Clinical Psychology in Medical Settings, 6*(1), 63-88.

Charman, T., Swettenham, J., Baron-Cohen, S., Cox, A., Baird, G., & Drew, A. (1998). An experimental investigation of social-cognitive abilities in infants with autism: Clinical implications. *Infant Mental Health Journal, 19*, 260-275.

Chien, Y.-W. (2011). A study of attention training to enhance attention performance of elementary students with mild intellectual disabilities in the classroom. In *Handbook of 20th Asian Conference on Intellectual Disabilities* (p. 120). Jeju, Korea.

Cowan, N., Dawei, L., Moffitt, A., Becker, T. M., Martin, E. A., Saults, J., & Christ, S. E. (2011). A neural region of abstract working memory. *Journal of Cognitive Neuroscience, 23*(10), 2552-2563.

Dawson, G., Toth, K., Abbott, R., Osterling, J., Munson, J., Estes, A., & Liaw, J. (2004). Early social attention impairments in autism: Social orienting, joint attention, and attention to distress. *Developmental Psychology, 40*(2),

271-283.

Deutsch, J. A., & Deutsch, D. (1963). Attention: Some theoretical considerations. *Psychology Review, 70*, 80-90.

Durbrow, E. H., Schaefer, B. A., & Jimerson, S. R. (2001). Learning-related behaviours versus cognitive ability in the academic performance of Vincentian children. *British Journal of Educational Psychology, 71*(3), 471-483. Retrieved from doi:10.1348/000709901158622

Dux, P. E., & Marois, R. (2009). The attentional blink: A review of data and theory. *Attention, Perception and Psychophysics (Pre-2011), 71*(8), 1683-1700. Retrieved from http://search.proquest.com/docview/204202707? accountid=10046

Eigenmann, P. A., & Haenggeli, C. A. (2007). Food colourings, preservatives, and hyperactivity. *Lancet, 370*(9598), 1524-1525.

Eriksen, C. (1995). The flankers task and response competition: A useful tool for investigating a variety of cognitive problems. *Visual Cognition, 2*(2/3), 101-118.

Espinoza-varas, B., & Jang, H. (2011). Selective attention to pitch amid conflicting auditory information: Context-coding and filtering strategies. *Psychological Research, 75*(3), 159-178. Retrieved from doi:http://dx.doi.org/10.1007/s00426-010-0295-2

Freeman, E., & Driver, J. (2005). Task-dependent modulation of target-flanker lateral interactions in vision. *Perception and Psychophysics, 67*(4), 624-637. Retrieved from http://search.proquest.com/docview/204205666 ? accountid=10046

Galotti, K. M., Fernandes, M., Fugelsang, J., & Stolz, J. (2010). *Cognitive psychology: In and out of the laboratory* (pp. 125-126). Canada: Nelson.

Goldhammer, F., Moosbrugger, H., & Schweizer, K. (2007). On the separability of cognitive abilities related to Posner's attention components and their contributions to conceptually distinct attention abilities related to working memory, action theory, and psychometric assessment. *European Psychologist, 12*(2), 103-118. Retrieved from doi:10.1027/1016-9040.12.2.103

Hallahan, D. P., Llyod, J. W., Kosiewicz, M. M., Kauffman, J. M., & Graves, A. W. (1979). Self-monitoring of attention as a treatment for a learning disabled boy's off-task behavior. *Learning Disability Quarterly, 2*, 24-32.

Hallahan, D., Kauffman, J. M., & Llyod, J. W. (1985). *Introducation to learning disabilities* (2nd ed.). Englewood Cliffs, NJ: Prentice-Hall.

Heilman, K. M., Bowers, D., Valenstein, E., & Watson, R. T. (1987). Hemispace and hemispatial neglect. In M. Jeannerod (Ed.), *Neurophysiological and neuropsy-chological aspects of spatial neglect* (pp. 115-150). New York, NY: Elsevier.

James, W. (1980). *The principles of psychology: Attention.* NY: H. Holt and company.

James, W. (2007). *The principles of psychology* (Vol. 2). New York, NY: Cosimo Classics.

Kahneman, D. (1973). *Attention and effort.* Englewood Cliffs, NJ: Prentice-Hall.

Lamers, M. J. M., & Roelofs, A. (2007). Role of gestalt grouping in selective attention: Evidence from the stroop task. *Perception and Psychophysics, 69* (8), 1305-14. Retrieved from http://search.proquest.com/docview/204205571? accountid=10046

Lamy, D., Segal, H., & Ruderman, L. (2006). Grouping does not require attention. *Perception and Psychophysics, 68*(1), 17-31. Retrieved from http://search.proquest.com/docview/204204196 ? accountid=10046

Lauth, G. W. (1998). Konzeption von Aufmerksamkeitsdefizit-/Hyperaktivitäts störungen aus der Sicht des Lehrers. *Heilpädagogische Forschung, 24*,

21-28.

Lauth, G. W., & Schlottke, P. F. (1993). *Training mit aufmerksamkeitsgestörten Kindern* (1. Aufl.). Weinheim: Beltz PVU.

Lavie, N. (1995). Perceptual load as a necessary condition for selective attention. *Journal of Experimental Psychology: Human Perception and Performance, 21*(3), 451-468.

Lavie, N., Lin, Z., Zokaei, N., & Thoma, V. (2009). The role of perceptual load in object recognition. *Journal of Experimental Psychology: Human Perception and Performance, 35*(5), 1346.

Lerner, J. W., & Johns, B. H. (2012). *Learning disabilities and related mild disabilities/teaching strategies and new directions* (12th ed.). Belmont, CA: Wadsworth Cengage Learning.

Lim, C. G., Lee, T. S., Guan, C., Fung, D. S. S., Zhao, Y., Teng, S. S. W., Zhang, H., & Krishnan, K. R. R. (2012). A brain-computer interface based attention training program for treating attention deficit hyperactivity disorder. *Plos One, 7*(10), 1-8.

Little, T. D., Das, J. P., Carlson, J. S., & Yachimowicz, D. J. (1993). The role of higher-order cognitive abilities as mediators of deficits in academic performance. *Learning and Individual Differences, 5*(3), 219-240. Retrieved from doi:10.1016/1041-6080(93)90004-C

Logan, G. D. (1992). Attention and prettention in theories of automaticity. *The American Journal of Psychology, 105*(2), 317-339.

Logan, G. D., & Gordon, R. D. (2001). Executive control of visual attention in dual-task situations. *Psychological Review, 108*(2), 393-434. Retrieved from doi:10.1037/0033-295X.108.2.393

López-Luengoa, B., & Vázquezb, C. (2003). Effects of attention process training on cognitive functioning of schizophrenic patients. *Psychiatry Research,*

119, 41-53.

Losier, B. J., McGrath, P. J., & Klein, R. M. (1996). Error patterns on the continuous performance test in nonmedicated and medicated samples of children with and without ADHD: A meta-analytic review. *Journal of Child Psychology, Psychiatry and Allied Disciplines, 37*, 971-987.

Mackay, D. G. (1973). Aspects of the theory of comprehension, memory and attention. *Quarterly Journal of Experimental Psychology, 25*, 22-40.

McCann, D., Barrett, A., Cooper, A., Crumpler, D., Dalen, L., Grimshaw, K., ... Stevenson, J. (2007). Food additives and hyperactive behaviour in 3-year-old and 8/9 year-old children in the community: A randomised, double-blinded, placebo-controlled trial. *Lancet, 370*(9598), 1560-1567.

Norman, D. A. (1968). Toward a theory of memory and attention. *Psychological Review, 75*, 522-536.

Posner, M. I. (2012). *Cognitive neuroscience of attention* (2nd ed.). New York, NY: The Guilford Press.

Posner, M. I., & Rothbart, M. K. (2007). Research on attention networks as a model for the integration of psychological science. *Annual Review of Psychology, 58*(1), 1-23. Retrieved from doi:10.1146/annurev.psych.58.110405.085516

Prater, M. A., Joy, R., Chilman, B., Temple, J., & Miller, S. R. (1991). Self-monitoring of on-task behavior by adolescents with learning disabilities. *Learning Disability Quarterly, 14*, 164-178.

Riccio, C., Hynd, G., Cohen, M., & Gonzalez, J. (1993). Neurological basis of attention deficit hyperactivity disorder. *Exceptional Children, 60*, 118-124.

Rosvold, H. E., Mirsky, A. F., Sarason, I., Bransome, E. D., & Beek, L. H. (1956). A continus performance test of brain damage. *Journal of Consulting Psychology, 20*(5), 343-350.

Roth, N., Schlottke, P. F., & Heine, A. (1996). Ein biopsychologisches modell beeinträchtigter Aufmerksamkeit. *Kindheit und Entwicklung, 5,* 80-84.

Sliver, L. B. (1990). Attention deficit-hyperactivity disorders: Is it a learning disability or a related disorder? *Journal of Learning Disabilities, 23,* 394-397.

Smith, L. R. (1994). *Learning disabilities: The interaction of learner, task, and setting* (3rd ed.). Needham Heights, MA: Allyn & Bacon.

Snider, V. (1987). Use of self-monitoring of attention with LD students: Research and application. *Learning Disability Quarterly, 10,* 139-151.

Sohlberg, M. M., & Mateer, C. A. (1987). Effectiveness of an attention training program. *Journal of Clinical and Experimental Neuropsychology, 9,* 117-130.

Sohlberg, M. M., & Mateer, C. A. (2001a). *Cognitive rehabilitation: An integrative neuropsychological approach.* New York, NY: The Guilford Press.

Sohlberg, M. M., & Mateer, C. A. (2001b). Improving attention and managing attentional problems: Adapting rehabilitation techniques to adults with ADD. *Annals of The New York Academy of Sciences, 931,* 359-375.

Sohlberg, M. M., & Turkstra, L. S. (2011). *Optimizing cognitive rehabilitation effective instructional methods.* New York, NY: The Guilford Press.

Spalek, T. M., Falcon, L. J., & Lollo, V. D. (2006). Attentional blink and attentional capture: Endogenous versus exogenous control over paying attention to two important events in close succession. *Perception and Psychophysics, 68*(4), 674-684. Retrieved from http://search.proquest.com/docview/204207 695? accountid=10046

Sturm, W. (2006). *Wahrnehmungs- und Aufmerksamkeitsfunktionen* [Functions of perception and attention]. Moedling, Austria: Schuhfried.

Sturm, W., & Zimmermann, P. (2000). Aufmerksamkeitsstörungen [Attention disorders]. In W. Sturm, M. Herrmann, & C.-W. Wallesch (Eds.), *Lehrbuch der klinischen Neuropsychologie* (pp. 345-365). Lisse: Swets and Zeitlinger.

Styles, E. A. (2006). *The psychology of attention* (2nd ed.). New York, NY: Psychology Press.

Taylor, E. (1995). Dysfunction of attention. In D. Cicchetti & D. J. Cohen (Eds.), *Developmental psychopathology*. New York, NY: John Wiley & Sons.

Treisman, A. (1960). Contextual cues in selective listening. *Quarterly Journal of Experimental Psychology, 112*, 93-176.

Truong, B. Q. (2009). The role of attention in eye gaze cuing accuracy. *ProQuest Dissertations and Theses,* 155. Retrieved from http://search.proquest.com/docview/304854348? accountid=10046. (304854348).

Tulving, E., & Craik, F. I. M. (Eds.) (2000). *The Oxford handbook of memory*. New York, NY: Oxford University Press.

Vu, K.-P. L. (2004). Historical overview of research on attention. In A. Johnson & R. Proctor (Eds.), *Attention: Theory and practice* (pp. 1-24). Thousand Oaks, CA: Sage.

Walsh, K. W. (1981). *Neuropsychology: A clinical approach* (2nd ed.). London, UK: Churchill Livingston.

Wickens, C. D. (1984). Processing resources in attention. In R. Parasuraman (Ed.), *Varieties of attention*. FL: Academic Press.

Wickens, C. D., Goh, J., & Helleberg, J. (2003). Attentional models of multi-task pilot performance using advanced display technology. *Human Factors, 45*(3), 360-380.

World Health Organization [WHO] (2000). *International statistical classification of diseases and related health problems-10th revision* (ICD-10). Geneva, Switzerland: World Health Organization.

國家圖書館出版品預行編目（CIP）資料

孩子可以比你想得更專心：談注意力訓練／
孟瑛如，簡吟文著.
-- 三版. -- 新北市：心理，2020.11
面；　公分.--（障礙教育系列；63166）
ISBN 978-986-191-933-1（平裝）

1. 學習障礙　　2. 注意力　　3. 特殊教育

529.69　　　　　　　　　　　　　109017327

障礙教育系列 63166

孩子可以比你想得更專心：談注意力訓練
（第三版）

作　　者：孟瑛如、簡吟文
執行編輯：陳文玲
總 編 輯：林敬堯
發 行 人：洪有義
出 版 者：心理出版社股份有限公司
地　　址：231 新北市新店區光明街 288 號 7 樓
電　　話：(02) 29150566
傳　　真：(02) 29152928
郵撥帳號：19293172 心理出版社股份有限公司
網　　址：http://www.psy.com.tw
電子信箱：psychoco@ms15.hinet.net
排 版 者：龍虎電腦排版股份有限公司
印 刷 者：龍虎電腦排版股份有限公司
初版一刷：2014 年 7 月
二版一刷：2016 年 2 月
三版一刷：2020 年 11 月
I S B N：978-986-191-933-1
定　　價：新台幣 250 元